Der Jugendarrest

I0105089

Studien zur Psychologie und Kriminalität

Herausgegeben von Thilo Eisenhardt

Band 2

PETER LANG

Frankfurt am Main · Berlin · Bern · Bruxelles · New York · Oxford · Wien

Thilo Eisenhardt

Der Jugendarrest

Eine Chance der Kriminalprävention

PETER LANG

Internationaler Verlag der Wissenschaften

Bibliografische Information der Deutschen Nationalbibliothek
Die Deutsche Nationalbibliothek verzeichnet diese Publikation
in der Deutschen Nationalbibliografie; detaillierte bibliografische
Daten sind im Internet über http://dnb.d-nb.de abrufbar.

Umschlaggestaltung:
Olaf Glöckler, Atelier Platen, Friedberg

ISSN 1435-1595
ISBN 978-3-631-60078-8

© Peter Lang GmbH
Internationaler Verlag der Wissenschaften
Frankfurt am Main 2010
Alle Rechte vorbehalten.

Das Werk einschließlich aller seiner Teile ist urheberrechtlich
geschützt. Jede Verwertung außerhalb der engen Grenzen des
Urheberrechtsgesetzes ist ohne Zustimmung des Verlages
unzulässig und strafbar. Das gilt insbesondere für
Vervielfältigungen, Übersetzungen, Mikroverfilmungen und die
Einspeicherung und Verarbeitung in elektronischen Systemen.

www.peterlang.de

Inhalt

6

0. Vorwort

Die in den Medien in den letzten Jahren immer wieder diskutierten Gewaltstraftaten von Jugendlichen bzw. Heranwachsenden, die auch mit dem Tod der Opfer enden, werfen Fragen über die Effizienz der Jugendkriminalrechtspflege auf. Die verhängten Sanktionen – einschließlich des Jugendarrests – sind oft nur aus rechtlicher Sicht, nicht aber aus psychologischer Perspektive angemessen. Die Ursachen liegen in prognostischen Fehleinschätzungen des künftigen Legalverhaltens durch eine oft verharmlosende Sicht der Täter und Taten aufgrund falscher theoretischer Annahmen über die Ursachen der Kriminalität und fehlender diagnostischer Kenntnisse, die sich in der Praxis bis heute auswirken. Belege dafür finden sich in Fachveröffentlichungen, in denen die Berichte in den Medien angeblich ein „bedrohliches Bild jugendlicher Kriminalität" vermitteln würden. Die Medien werden auch für gerichtliche Entscheidungen mit verantwortlich gemacht. (1)

Im Jugendstrafrecht kommen nicht oder falsch verstandene Prinzipien von Prävention und Bestrafung sowie eine verniedlichende Sicht der Taten und Täter auf der einen und eine fehlende Opferperspektive auf der anderen Seite hinzu. All das ist Ausdruck einer verbreiteten Unkenntnis über Entstehung und Behandlung von Straftaten und Tätern, obwohl die kriminologische und rechtspsychologische Forschung ausreichende Anhaltspunkte bieten, die aber nur sehr begrenzt einen Eingang in die praktische Rechtspflege finden. Jeder, der die Theorie und die Praxis in diesem Bereich kennt, weiß um die Schwächen des Systems. Die in einem Teil der Kriminologie verbreitete Neigung, der „Gesellschaft" die Schuld an Straftaten zuzuschreiben und die Neigung, sogar bei den Opfern eine Mitschuld zu suchen, ist bei den Verfahrensbeteiligten nicht selten anzutreffen. Da können empirische Untersuchungen im In- und Ausland deutlich nachweisen, was präventiv zu tun wäre, doch ideologische Scheuklappen und Ignoranz sind eine Kombination, die realen Problemlösungsmöglichkeiten kaum eine Chance lassen.

Das Buch wird hier wenig Abhilfe bewirken, doch soll der erneute Versuch unternommen werden, das kriminalpolitisch umstrittene Arrestsystem (Jugendarrestanten + Organisation) den Beteiligten der Jugendkriminalrechtspflege etwas näher zu bringen.

Die Berechtigung zu diesem Buch leitet sich auch aus der Tatsache ab, dass der Jugendarrest die statistisch häufigste Haftstrafe weit vor dem Jugendstrafvollzug darstellt, er aber kaum fundiert diskutiert wird. Ziel ist es, der Praxis einige Orientierungshilfen anzubieten, die eine sinnvolle Verhängung bzw. Verbesserung dieser Sanktionsform ermöglichen könnten.

Die bisherigen kriminologischen oder rechtswissenschaftlichen Arbeiten über den Jugendarrest gehen nur marginal auf die Thematik der Inhaftierten und die Arrestwirkungen ein. Auch die Organisation des Arrestsystems einschließlich der Mitarbeiter einer Jugendarrestanstalt findet in der Diskussion fast keine Beachtung.

Die theoretischen Grundlagen im Zusammenhang mit der Entstehung und der Behandlung dissozialen Verhaltens bedürfen der „Übersetzung" in die Praxis der Jugendstrafrechtspflege, ein weiteres Ziel des Buches. Als Ergebnis der Abhandlung sollen eine Reihe von Empfehlungen an die Praxis formuliert werden. Ziel ist also letztlich, der Praxis (den Gerichten, Jugendbehörden und dem Arrestvollzug) zu differenzierterem Handeln zu verhelfen.

Der Verfasser hat im Auftrag des Bundesjustizministeriums zwei Gutachten (1977. 1989) über den Arrest erstellt. Beide beruhen auf für die alten Bundesländer repräsentativen Untersuchungen mit Stichproben bis zu 2000 Arrestanten und erlauben einen Überblick über die Praxis des Arrests und die psychosoziale Situation der Arrestanten. Die Studien haben einen psychologischen Schwerpunkt und beziehen Praxiserfahrungen mit ein. Die Ergebnisse beruhen auf Interviews, Tests und Selbstzeugnissen der Arrestanten. Die daraus gewonnenen Vorschläge für eine Verbesserung der Arrestsituation sollen in Ermanglung neuerer entsprechender empirischer Studien nun unter einem etwas veränderten theoretischen Erkenntnisstand nochmals verdeutlicht werden. (2)

In beiden Gutachten wurde auch darauf hingewiesen, dass in der Bundesrepublik Deutschland große regionale Unterschiede in der Verurteilungspraxis zu Jugendarrest bestehen. Die Rechtsprechung und die Diversionspraxis sind aber auch generell aus justizpolitischen Gründen sehr unterschiedlich. (3)

Verurteilungen zu Jugendarrest berücksichtigen kaum die persönliche Problematik der Jugendlichen und Heranwachsenden, sondern folgen oft den oben erwähnten theoretisch und kriminalpolitisch fragwürdigen Vorstellungen über die Entstehung und Prävention von Jugenddelinquenz bzw. –kriminalität, eine Situation die sich in den letzten Jahrzehnten wenig verbessert hat. Deswegen wundert es nicht, dass die Maßnahmen oft wenig erfolgreich sind und ein hoher Anteil der Täter anschließend wieder gravierende Straftaten begeht.

Auch nach der Lektüre dieser Abhandlung bleibt die noch zu beantwortende Frage, warum differenzierte Erkenntnisse der Forschung über Entstehung, und Behandlung so wenig in der Justizpraxis der letzten Jahrzehnte Beachtung gefunden haben.

Anmerkungen zu 0

(1) Viehmann, 2007

(2) Die im Buch genannten Jahreszahlen 1974 und 1986 beziehen sich auf den Zeitraum der Untersuchungsdurchführung, 1977 und 1989 auf den der Veröffentlichung.

(3) „Zwischen den Ländern bestehen erhebliche Unterschiede in der Anwendung von Jugendstrafrecht auf Heranwachsende...In Tat- oder Tätereigenschaften liegende Gründe sind für diese Unterschiede nicht erkennbar." (Bundesministerium, 1.PSB, 2001, 365) Das gilt auch für die Diversionsraten. „Zu den offensichtlichen Defiziten in der Handhabung der Diversion zählt die regional extrem unterschiedliche Nutzung der § 45, 47 JGG." (Bundesministerium, 1.PSB, 2001, 366). Innerhalb der alten Länder reicht die Bandbreite der Diversionsrate von 60% (Bayern) bis 91% (Hamburg)." (Bundesministerium, 1.PSB, 2001, 367)

In einer Untersuchung einer Auswertung von Eintragungen im Bundeszentralregister waren die Diversionsraten sehr hoch. „Diese Unterschiede beruhten nicht auf einer unterschiedlichen Kriminalitätsstruktur oder auf Abweichungen in den Merkmalen der Täter in den einzelnen Ländern..." In den Stadtstaaten wurden zum Beispiel über 80% aller gegen Ersttäter wegen „einfachen Diebstahls" durchgeführten Verfahren nach §§ 45,47 JGG eingestellt, in Baden-Württemberg und Rheinland-Pfalz war dies lediglich bei rund 43% der Fall. Vergleichbare Befunde zeigten sich auch bei der zweiten untersuchten Deliktsgruppe, nämlich bei „Fahren ohne Fahrerlaubnis". Diese Unterschiede sind Ausdruck differenzierter Sanktionsstile." (Bundesministerium, 1.PSB, 2001, 454)

1. Zur Geschichte und Problematik des Arrestsystems

Die „Geschichte" des Arrests lässt sich in drei Perioden gliedern: Reformpädagogische Ideen bis zum „Dritten Reich", die Einführung und Entwicklung des Arrests im Nationalsozialismus, die Weiterentwicklung nach 1945.

1.1. Reformpädagogische Ideen bis zum „Dritten Reich"

Pädagogische Aspekte wurden in der Vorgeschichte des Jugendarrests im Rahmen der Reformdiskussionen schon vor Einführung des JGG 1923 ausgemacht. Hier soll nur auf die Reformideen von Foerster (1911) hingewiesen werden. Er wollte die Erziehung von der Strafe getrennt halten und die „Selbstachtung" gefördert wissen. Eine Vermischung der beiden Prinzipien hielt er für schädlich. Der religiöse Bezug in Foersters Vorstellungen zeigt sich im Ehrbegriff, der mit dem des Strafrechts nicht übereinstimmt. (1)

Foerster hat auch nicht den späteren Jugendarrest propagiert; seine Ausführungen, in denen er das Wort „Arrest" gebraucht hat, beziehen sich auf die Jugendstrafe. Erst Schaffstein hat 1936 den Jugendarrest konkretisiert und den Dauerarrest bis zu drei Monaten Dauer sowie den Freizeitarrest gefordert. (2)

Nach 1933 griffen die „Reichsjugendführung" und das Reichsjustizministerium diese Vorstellungen auf. Die Ausführungen von Sieverts beleuchten die Thematik: „Der sublime Gedanke Foerster's einer „Besinnungsstrafe" wurde von dem damaligen Staatssekretär des Reichsjustizministeriums, Dr. Freisler, zu einer auf „Schockwirkung" abgestellten Übelszufügung primitiv vergröbert, eine Vorstellung, die seitdem auch heute noch überall in der deutschen Jugendstrafrechtspflege und in der Diskussion über den JA irreführend herumgeistert." (3) Diese Einschätzung gilt prinzipiell auch heute noch.

1.2. Einführung und Entwicklung des Arrests im Nationalsozialismus

Der Jugendarrest ist deshalb bis heute mit dem Makel behaftet, dass er während des Zweiten Weltkrieges durch die Nationalsozialisten eingeführt wurde und deren Ideologie verkörperte, die unter anderem in den erwähnten Ausführungen Freislers zum Ausdruck kommen.

Der Arrest wurde im Oktober 1940 durch Verordnung eingeführt. In einer weiteren Verordnung im November 1940 wurde der Jugendarrest als „Zuchtmittel" bezeichnet und erklärt, er sei rechtlich keine Strafe.

Nach anderen Veröffentlichungen dieser Zeit, z.B. Rietzsch, sollte der Arrest für einen Jugendlichen eine „ernste Mahnung sein", „ihn zur Ordnung zurückrufen", „ihn an der Ehre packen". Die „diffamierenden Nachteile der Strafe aber vermeiden". (4) (5) Der Jugendarrest wurde dann 1943 in das Reichsjugendgerichtsgesetz aufgenommen. Der Arrest sollte kein „Lückenbüßer" sein, „kein Mittel, zu dem der Richter greift, weil andere versagen, sondern ein Zuchtmittel eigener Art von größter Bedeutung", sondern der größte Teil „eines neuen nationalsozialistischen Jugendstrafrechts". (6)

Man sollte wissen, dass in dieser Zeit die Jugendlichen als „verschworene Gemeinschaft" angesehen wurden. Es war deshalb eine „Ehre" in diese Gemeinschaft aufgenommen zu werden. Der Jugendarrest war deshalb eine Art „Ehrengerichtsbarkeit", die den Jugendlichen für die Arrestzeit ausschloss, ihn dann aber wieder „in Ehren" aufnahm. (7)

In den Arrest sollten auch Jugendliche kommen, die ihren Arbeitsverpflichtungen nicht nachgekommen waren. Hauptsächlich waren es „gutgeartete Jugendliche", die „unter dem Einfluß eines Verführers" standen, mit typisch unreifen Taten des Jugendalters sowie Taten, die durch Fahrlässigkeit verursacht waren.

Die Nationalsozialisten wollten den Arrest als Alternative zum Strafvollzug ausbauen, d.h. die Anstalten sollten auch keinen Gefängnischarakter haben. Kriegsbedingt wurden die Anstalten aber in ehemaligen kleinen Gerichtsgefängnissen provisorisch eingerichtet. Nach Kriegsende behielt man die Anstalten aber bei und baute sie als kleine Jugendgefängnisse aus.

Da der Arrest rechtlich keine Strafe war, sollte (auch zum Ausgleich der Lücke bis zur Jugendstrafe von 6 Monaten) sein kurzer und harter Vollzug abschreckend wirken. Nach § 66 RJGG sollte die Kürze durch „gerechte Strenge" ausgeglichen werden. Anstaltsleiter sollte der Jugendrichter am Ort sein.

Im Mittelpunkt der „Erziehungsarbeit" stand die Aussprache des Richters mit dem Jugendlichen. Der Vollzug lässt sich am besten durch die Vorschriften nachvollziehen:

„Zur Anstaltszucht gehört straffe Haltung, flinke Bewegung und frisches, dabei bescheidenes Auftreten und Sprechen…Betritt ein Beamter die Zelle, so hat der Jugendliche seine Arbeit oder sonstige Beschäftigung zu unterbrechen, aufzustehen, zu grüßen und unter Angabe des vollen Namens und der Dauer des ihm auferlegten Arrestes zu melden." Der Jugendliche hatte sich am Morgen auch „mit nacktem Oberkörper – gehörig zu waschen."

Bei dem Verstoß gegen Vorschriften wurden Hausstrafen verhängt. Darunter fielen die Beschränkung oder Entziehung von Lesestoff, Entziehung der Beleuchtung der Zelle, Sonderdienst und zusätzliche strenge Tage. An jedem vierten Tag wurde generell ein „strenger Tag" eingelegt. Der Jugendliche erhielt „vereinfachte Kost" (= Wasser und Brot), „hartes Lager" auf einer Holzpritsche und begrenzte Beleuchtung. Nach 10 Tagen oder auf Anweisung des Richters konnte der Vollzug gelockert werden, wenn eine „nachhaltige Wirkung" zu verzeichnen war. Die Jugendlichen konnten dann außerhalb der Zelle arbeiten und in eine Zelle ohne Gitter verlegt werden. (8)

Die Arbeit (8 Stunden am Tag) war die zentrale Beschäftigung. „Bis zum Ende der Arbeitszeit weiterzuarbeiten hat der Jugendliche auch dann, wenn er das Arbeitsmaß erfüllt hat." (9)

Vorbilder für die Gestaltung des Vollzuges waren die schwersten Hausstrafen bei Zuchthaus oder Gefängnis und die Arreststrafen der Wehrmacht und des Reichsarbeitsdienstes (RAD).

„Provisorisch lehnte sich die Gestaltung des Vollzuges an den Strafvollzug an. Es wurden ehemalige Gerichtsgefängnisse für den Vollzug eingerichtet. Allerdings sollten diese im Laufe der Zeit für die Besonderheiten des JA umgestaltet werden. So sollte ein Teil der Fenster unvergittert bleiben. Anstelle der „Spione" sollten durchsichtige Glasscheiben in den Zellentüren angebracht werden....Der Jugendliche sollte in der Regel seine eigene Kleidung tragen. Die Anstaltskleidung, die er in Notfällen erhalte, sollte sich von der der Strafgefangenen unterscheiden. Die Arrestanstalten sollten auch von anderen Haftanstalten getrennt eingerichtet werden." (10)

Durch die einzelnen Komponenten des Vollzuges wird die „Zwitterstellung" des Arrests verdeutlicht. Obwohl er rechtlich keine Strafe ist, d.h. es erfolgt keine Eintragung im Strafregister, soll er von den Jugendlichen subjektiv als Strafe empfunden werden („Erziehung durch Strafe").

Man hat also in dem Arrestkonzept die zwei Komponenten „Erziehung" und „Strafe" vermischt und sich, was die Baustruktur und den Vollzug betrifft, äußerlich dem Strafvollzug angelehnt. Die von Foerster geforderte Trennung von Erziehung und Strafe wird somit nicht deutlich. Dies ist eine der Schwierigkeiten und Unklarheiten des Arrests, die bis heute besteht.

Die Erziehungs- und die Strafkomponente können aber sehr wohl in der Praxis getrennt werden.

1.3. Die Weiterentwicklung nach 1945

Obwohl die Konzeption des Arrests aus nationalsozialistischer Zeit stammte, wurden die Bestimmungen nach 1945 beibehalten und nur von offensichtlichem nationalsozialistischen Gedankengut befreit. Die Grundhaltung der Härte bestand dagegen weiterhin. Erst die „Verordnung über den Vollzug des Jugendarrests" vom 12.8.1966 setzte die alte JAVollzO aus der Zeit vor 1945 außer Kraft.

Bis heute waren die Justizverwaltungen der Bundesländer außerdem nicht in der Lage, den eigentlichen Zweck des Arrests auch baulich zu verdeutlichen: Er sollte rechtlich keine Strafe darstellen. Dennoch wurden und werden Anstalten als Anhängsel von Erwachsenenstrafanstalten und in direktem baulichen Zusammenhang mit diesen betrieben, d.h. sie werden noch heute von den Arrestanten und der Öffentlichkeit als Gefängnisse wahrgenommen.

Diese absurde Situation ist eines der Hauptprobleme und führt permanent zu Missverständnissen über die Ziele des Arrests bei den Betroffenen und der Öffentlichkeit. Selbst innerhalb der Justiz bestehen diesbezüglich Irritationen. Aus umweltpsychologischer Sicht kann man nur staunen, dass der äußeren baulichen Gestaltung innerhalb der Justizverwaltungen so geringe Bedeutung zugemessen wird, wenn man den Arrest wirklich als eine Einrichtung eigener Art betrachtet. Eine Institution, die als Gefängnis gestaltet ist, wird auch als solche wahrgenommen. (11)

Im § 90 JGG von 1953 werden die Ziele des Arrests umschrieben:

(1) Der Vollzug des Jugendarrestes soll das Ehrgefühl des Jugendlichen wecken und ihm eindringlich zum Bewusstsein bringen, dass er für das von ihm begangene Unrecht einzustehen hat. Der Vollzug des Jugendarrestes soll erzieherisch gestaltet werden. Er soll dem Jugendlichen helfen, die Schwierigkeiten zu bewältigen, die zur Begehung der Straftat beigetragen haben.
(2) Der Jugendarrest wird in Jugendarrestanstalten oder Freizeitarresträumen der Landesjustizverwaltung vollzogen.

In den Richtlinien zum Jugendarrest werden alle Aspekte sichtbar, die in der Bundesrepublik Deutschland zur Diskussion standen und bis heute umstritten sind. Die Kluft zwischen Theorie und Praxis verdeutlichen die folgenden Ausführungen, die kaum in die Praxis umgesetzt wurden. Auch in den Richtlinien zu § 13 JGG werden die theoretischen Grundlagen und Positionen der Jugendkriminalrechtspflege deutlich:

„Die Zuchtmittel sollen dazu dienen, das Ehrgefühl eines im Grunde gutgearteten Jugendlichen zu wecken und ihn zu der Einsicht zu bringen, dass er
strafbares Unrecht begangen hat und dafür einstehen muß. Hierin liegt ihr
erzieherischer Wert. Sie sind daher nur angebracht, wenn zu erwarten ist, dass
der Jugendliche zu dieser Einsicht kommen und sich künftig ordentlich führen
wird."

Der BGH hat diese Ausführungen noch verschärft, denn er spricht von der
„Einmaligkeit" der Verhängung. Vom Arrest sollten „frühkriminelle", „ver-
wahrloste" und „geistig zurückgebliebene" Täter ausgeschlossen sein.

„Geeignete" Täter sollen dagegen diejenigen sein, die „Verfehlungen aus Un-
achtsamkeit, aus jugendlichem Kraftgefühl oder Übermut, jugendlicher
Trotzhaltung und Abenteuerlust" begehen sowie „Gelegenheitstäter". Wenn man
die Praxis der vergangenen Jahrzehnte kennt, klingen diese Ausführungen wie
eine Botschaft aus einer anderen Welt.

Aus den Richtlinien geht auch hervor, wie der Vollzug durchgeführt werden
sollte. „Der Vollzug soll so gestaltet werden, dass die körperliche, geistige und
sittliche Entwicklung des Jugendlichen gefördert wird." Die Aussprache des
Vollzugsleiters (Richter) mit dem Jugendlichen dient dieser Zielvorstellung. „In
dieser Aussprache hilft der Vollzugsleiter dem Jugendlichen, sich auf sich selbst
zu besinnen. Dem Jugendlichen soll klar werden, was seine Tat für sein eigenes
Leben und das seiner Mitmenschen bedeutet." Das Ergebnis der Aussprache
wird in einem „Schlussbericht" festgehalten, der dem Jugendamt zugeht.

Nach 1968 wurde die Abschaffung des Jugendarrests durch eine breite
gesellschaftlich-justizpolitische Strömung gefordert, um diesen generell durch
die „Ambulanten Maßnahmen" zu ersetzen.

Selbst in der heutigen Diskussion schimmern hinter Sachargumenten die alten
Ziele der 68er Utopien durch, die sich in der Praxis kaum verwirklichen ließen,
die aber eine erzieherisch ausgerichtete Vollzugsentwicklung im Arrest
behindert haben. Leider wurden die jungen Menschen, die noch heute in großer
Zahl zu Arrest verurteilt werden, durch die jahrzehntelange Konzeptionslosigkeit (= Reformstillstand) mit ihren Problemen, die zur Straffälligkeit geführt
hatten, fast völlig allein gelassen. Die Arrestanstalten befinden sich auch heute
noch in einer Nähe zum Strafvollzug, wenn man ihre Strukturen betrachtet.

Meyer-Höger hat die Problematik des Jugendarrests 1998 in sieben Punkten
verdeutlicht, die zusammen mit den Ausführungen von Riechert-Rother, den
Stand der Kriminologie widerspiegeln:

(1) Der Arrest basierte nach seiner Einführung im Krieg (1940/1943) auf einer „short-sharp-shock" Ideologie: „gutgeartete Jugendliche" sollten durch einen schnell zu vollstreckenden harten Freiheitsentzug („hartes Lager", Einzelhaft) beeindruckt werden.

(2) Er wurde als „Ahndungsmittel eigener Art mit erzieherischem Charakter" gesehen. Die „gutgearteten" Jugendlichen werden nach heutiger Terminologie als „arrestgeeignet" bezeichnet. Der strenge Vollzug ist in seiner Schockwirkung durch Vollzugslockerungen bzw. erzieherische Komponenten abgemildert worden.

(3) Das Grundkonzept „Erziehung durch Strafe" der Zeit bis 1945 ist auch in den folgenden Jahrzehnten in der Demokratie nicht aufgegeben worden.

(4) Die schädigenden Wirkungen einer „Erziehung in Unfreiheit" lassen sich auch durch die bisherige Praxis der erzieherischen Komponenten im Arrest nicht ausschließen.

(5) Durch die unterschiedliche Zeitdauer des Arrests (2 Tage bis 4 Wochen) kommt es zu einer hohen Fluktuation der Klientel in den Anstalten, was die erzieherische Ausgestaltung behindert.

(6) Durch eine überwiegende Belegung der Anstalten mit Heranwachsenden wird der Jugendarrestvollzug in der Praxis zu einem „Erwachsenenvollzug".

(7) Die personelle Ausstattung der Anstalten mit qualifiziertem Erziehungs-personal ist weitgehend noch nicht erfolgt.

Riechert-Rother befasst sich ebenfalls mit der Entwicklung des Arrests und den ambulanten Maßnahmen. Mit dem 1. JGGÄndG sollten Forderungen aus For-schung und Praxis berücksichtigt werden, dass freiheitsentziehende Maßnah-men prinzipiell ambulanten Maßnahmen unterlegen seien. (12)

Änderungen im Jugendarrest betrafen Freizeit- und Kurzarrest und den Arrestvollzug. Der Freizeitarrest wurde auf zwei Wochenenden begrenzt. Diese Arrestform sollte nur bei den Jugendlichen angewendet werden, die keine Erziehungsdefizite aufweisen. Der Kurzarrest wird analog dem Freizeitarrest auf 2 bis 4 Tage begrenzt. Der Dauerarrest mit mindestens einer und höchstens 4 Wochen blieb unverändert. Während die drei bisher genannten Arrestformen durch richterliches Urteil (= Urteilsarrest) verhängt werden, wird der „Nicht-befolgungsarrest" (= Beschluss-, Ungehorsams-, Beuge oder Ersatzarrest) durch richterlichen Beschluss angeordnet, wenn schuldhaft Weisungen und Auflagen missachtet wurden. (13) (14)

Der umstrittene „Einstiegsarrest" und neuerdings der „Warnschussarrest" sind bisher im Gesetz nicht vorgesehen und werden nur erwähnt, um zu zeigen, dass es Tendenzen gibt, die Verhängung von Arrest auszuweiten, um einer Jugendstrafe, die zur Bewährung ausgesetzt wird, mehr Nachdruck zu verleihen.

Der Arrestvollzug sollte nach Änderung der Arrestvollzugsordnung (1976) mit sozialpädagogischen Einzel- und Gruppengesprächen angereichert werden, um dem Jugendlichen zu helfen, seine Probleme zu bewältigen. Auch Hilfestellungen bei der Suche nach einer Ausbildungs- oder Arbeitsstelle sollten erfolgen.

In den neuen Richtlinien zum Jugendarrest, die am 1. August 1994 in Kraft getreten sind, wird nicht mehr von „gutgearteten" Jugendlichen gesprochen, die „arresttauglich" sind.

Allerdings wird auch noch 1996 in einem Kommentar zum JGG die Arrestuntauglichkeit umschrieben. Arrestuntauglich sind Jugendliche mit folgenden Kriterien (wie in den früheren Richtlinien zu § 16 JGG): „kriminell verhärtet", „verwahrlost" und „geistig zurückgeblieben" sowie solche Jugendliche „mit gravierenden Erziehungsdefiziten".

Auch Jugendliche, die Heimerfahrung haben oder schon zu Arrest verurteilt wurden, sollten nicht oder nicht wieder mit Arrest belegt werden. (15)

Riechert-Rother bezieht nach den vorliegenden empirischen Studien die Position, dass weder eine langfristige abschreckende Wirkung des Arrests nachgewiesen ist noch eine Auseinandersetzung mit der Tat erfolgt.

Sie weist zu Recht darauf hin, dass ein auf Abschreckung zielender Vollzug eher hart und entbehrungsreich sein muss mit nur routinemäßigen Kontakten zu den Bediensteten, um Gewöhnung zu vermeiden, dass aber ein erzieherischer Vollzug eine längere Dauer mit intensiveren Kontakten erfordert. Meyer-Höger fasst die Kritik am Jugendarrest zusammen:

„Die Kritik an der Sanktionspraxis richtet sich zum einen dagegen, daß Jugendarrest zunehmend gegenüber erheblich belasteten und gefährdeten Jugendlichen verhängt und dadurch der Arrest einerseits noch stärker zu einem repressiven Sanktionsinstrument werde, andererseits der Arrestvollzug seine erzieherische Wirkung hier gänzlich verfehle. Zum anderen wird geltend gemacht, daß für die ursprüngliche sog. gutgeartete Klientel der Jugendarrest überflüssig sei, da man für diesen Täterkreis mit den ambulanten Maßnahmen ein ausreichendes Sanktionsinstrumentarium zur Verfügung habe." (16)

1.4. Das Arrestsystem im Kontext der Maßnahmen des JGG

Das Jugendgerichtsgesetz stellt die Verkörperung des Jugendkriminalrechts dar. Dieses ist präventiv ausgerichtet, d.h. die künftige Bewährung steht im Zentrum, nicht die Bestrafung der Verurteilten. Die präventive Ausrichtung schließt auch die Erziehung im Einzelfall (Spezialprävention) mit ein.

Der Ansatz der Erziehung wurde 1990 im erwähnten 1. Gesetz zur Änderung des JGG verankert. Erziehung wird im JGG nicht als umfassender psychosozialer Begriff verstanden, sondern soll nur Legalbewährung bewirken. Diese kann aber prinzipiell durch Strafe (Abschreckung) und/oder durch erzieherische Ausgestaltung und Einwirkung (durch psychosoziales Training) während und nach der Maßnahme (hier: Arrestvollzug) bewirkt werden.

Im geltenden Rechtssystem gehört der Jugendarrest zu den Zuchtmitteln. Daneben gibt es im formellen Reaktionssystem nach dem Jugendgerichtsgesetz noch die Erziehungsmaßregeln und die Jugendstrafe. Zuchtmittel werden dann vom Gericht verhängt, wenn „Jugendstrafe nicht geboten ist, dem Jugendlichen aber eindringlich zum Bewusstsein gebracht werden muss, dass er für das von ihm begangene Unrecht einzustehen hat". (§ 13 JGG).

Die Zuchtmittel (Jugendarrest, Verwarnung, Erteilung von Auflagen) stehen zwischen den Erziehungsmaßregeln (Betreuungsweisungen, soziale Trainingskurse, Täter-Opfer-Ausgleich) und der Jugendstrafe, was die Schwere der Sanktionen anbelangt. Der Arrest als schwerstes Zuchtmittel vereinigt am deutlichsten Erziehung und Strafe, mit den daraus entstehenden Problemen.

Aufgrund des Subsidiaritätsprinzips sollten zuerst immer die „milderen" Sanktionen zur Anwendung kommen, d.h. Erziehungsmaßregeln, Zuchtmittel und dann erst die Jugendstrafe. Dies entspricht dem Prinzip der „Verhältnismäßigkeit". Wenn eine erzieherische Maßnahme ausreichend erscheint, muss auf Strafe verzichtet werden.

Eines der Streitthemen in der kriminologischen Literatur ist die Auseinandersetzung darüber, ob der Jugendarrest durch die oben genannten anderen Maßnahmen ersetzt werden sollte. Die Diskussion gleicht oft einem „Glaubenskrieg" zwischen „fortschrittlichen" und „reaktionären" Ansichten, wird aber in der Kriminologie vordergründig mit den geringeren Rückfallraten der ambulanten Maßnahmen im Rahmen der „Diversion" gerechtfertigt.

Diese „neuen ambulanten Maßnahmen" sind in der revidierten Fassung des JGG aufgelistet.

Die genannte Auseinandersetzung dreht sich um die Frage der Effizienz. Die Mehrheit der Kriminologen und Juristen ist der Ansicht, die ambulanten Maßnahmen seien, besonders nach einem förmlichen Verfahren, effizienter als der Jugendarrest, was hier bezweifelt wird.

Unter dem Ansatz der „Diversion" werden auch sozialpädagogische Maßnahmen (z.b. die sozialen Trainingskurse) verstanden, die versuchen, bei Jugendlichen die formellen Verfahren zu vermeiden. Diese „neuen ambulanten Maßnahmen" der Diversion unterliegen seit ihrer Einführung ebenfalls kritischen Einwänden, indem eine Ausweitung der sozialen Kontrolle („Netzerweiterung") und damit eine sozialpädagogische Überbetreuung befürchtet wird.

Die ambulanten Maßnahmen, so eine andere Kritik, würden nur Engpässe bei der Justiz beseitigen helfen, um eine gestiegene Jugendkriminalität zu verdecken. Positiv sollen sie wirken, indem sie der „Episodenhaftigkeit" der Jugenddelinquenz („Entwicklungstäter") - auch bei mehrfachen Straftaten - Rechnung tragen und eine Kriminalisierung vermeiden helfen.

Diese Grundidee wird aber letztlich dadurch in Frage gestellt, dass bei fast allen mehrfach auffälligen Jugendlichen, die sich auch im Jugendarrest befinden, gravierende Sozialisationsdefizite zu beobachten sind, die oft zu persistentem dissozialen Verhalten führen und die ambulanten Ansätze bei dieser Gruppe fast wirkungslos werden lassen.

Etwa 70% der Verfahren gegen junge Beschuldigte werden durch die Justiz informell auf dem Wege der „Diversion", das heißt ohne förmliche Anklage oder Verurteilung, erledigt. In repräsentativen Untersuchungen wird gezeigt, dass das Absehen von förmlichen Sanktionen bei jungen Erst- und Wiederholungstätern jeweils von geringen Raten erneuter Straffälligkeit gefolgt ist. Die Argumentation verläuft so, dass strafrechtliche Sanktionen bei einem großen Teil der jugendtypischen Rechtsbrüche deshalb im Regelfall nicht erforderlich seien, was auch nicht geschieht. (17)

Die Diversionspraxis kann man auch unter der Thematik „Täterorientierung oder bürokratische Erledigung von Fallzahlen" diskutieren. Kernfrage ist, ob die psychosoziale Lage der Täter im Verfahren noch von Bedeutung ist, denn lediglich von einer Straftat auf den psychischen Zustand und die weitere Entwicklung eines Jugendlichen zu schließen, ist unzulässig.

Diejenigen Maßnahmen, die eine sozialpädagogische Ausrichtung aufweisen wie soziale Trainingskurse oder Betreuungsweisungen sowie der Täter-Opfer-Ausgleich, könnten noch am ehesten als rein erzieherische Alternative zum Jugendarrest dienen, wie dies bei ihrer Einführung postuliert wurde.

Mulvey et al. kommen dagegen nach Durchsicht der Forschungsergebnisse zu der Ansicht, dass Diversion nicht erfolgreich ist. Dabei sei im Gegenteil die erwähnte „Netzerweiterung" als negativer Effekt zu beobachten: Jugendliche würden häufiger in solche Diversionsprogramme überwiesen. Mulvey et al. berichten nur über ein erfolgreiches Projekt in den USA, das aus einer intensiven 18-wöchigen Intervention bestand.

Die Diskussion in Deutschland soll hier nur gestreift werden, soweit sie indirekt auch den Arrest betrifft. In einem Forschungsprojekt der Universität Konstanz konnte für das Land Baden-Württemberg nachgewiesen werden, dass Staatsanwaltschaften und Jugendgerichte (1991) 62% der anklagefähigen Jugendsachen im Wege der Diversion erledigten, d.h. ohne formelle Verurteilung.

Allerdings hat sich gezeigt, dass starke Diskrepanzen in der örtlichen Sanktionspraxis bestehen, ein Ergebnis, das auch in den Studien über die Sanktionspraxis bei dem Jugendarrest deutlich wurde.

Die Anwendungspraxis der Diversionsmaßnahmen kommt auch in verschiedenen Studien zum Ausdruck. So hat man z.b. die Täterorientierung im Jugendstrafrecht anhand der Praxis zweier Landgerichtsbezirke untersucht. Die Autoren stellten fest, dass wirklich pädagogisch-helfende Maßnahmen (Soziale Trainingskurse und Betreuungsweisungen) selten sind. (18)

Nach einer Studie aus Baden-Württemberg war nur jede 10. Maßnahme eine spezifisch sozialpädagogische. Darunter fallen nicht die Arbeitsweisungen. Beleg dafür sind, neben den Erfahrungen in den Brücke-Projekten, auch die Ergebnisse aus einer Befragung der Jugendämter in Baden-Württemberg. Die Jugendämter sind vorwiegend als „Vermittlungs- und Kontrollinstanz" tätig. Nur in jedem vierten Jugendamtsbezirk wurden die Jugendlichen bei dieser Maßnahme auch sozialpädagogisch begleitet. Die pädagogischen Maßnahmen bei Urteilen werden bei Angeklagten mit „mittleren Auffälligkeiten" verhängt. Die Jugendlichen mit gravierenden Auffälligkeiten sind von Diversion wenig betroffen. Sie werden eher härter bestraft nach Maßgabe „Erziehung durch Strafe" und nicht durch „Erziehung an Stelle von Strafe".

In einer genaueren Analyse zeigte sich diese Tendenz noch deutlicher: Je größer die sozio-biographischen Auffälligkeiten, umso schwerer die Sanktion, denn Jugendrichter berücksichtigen auch biographische Daten bei ihren Entscheidungen, indem sie stärker belastete Täter härter sanktionieren. Die größere Milde der Jugendstrafrechtspraxis (= Diversion) kommt also eher den sozial angepassten Tätern zugute und verstärkt deshalb die Benachteiligung belasteter Jugendlicher, es kommt dadurch zu einer „Vergrößerung sozialer Ungleichheit".

Dabei besteht eine grundlegende Problematik im Jugendstrafrecht, die, wie erwähnt, mit dem Stichwort „Täterorientierung versus bürokratische Erledigung von Fallzahlen" umschrieben werden kann.

Kernfrage ist, ob die psychosoziale Lage der Täter im Verfahren überhaupt noch von Bedeutung ist, worauf oben schon hingewiesen wurde. Wer stellt fest, ob es sich lediglich um einen Fall einer zeitlich begrenzten entwicklungsbedingten Auffälligkeit oder um eine problematische psychosoziale Konstellation handelt, d.h. einen „persistent dissozialen" (siehe Kapitel 2) Jugendlichen, der auf dem Weg in eine kriminelle Karriere ist?

Die Diagnose sollte eigentlich durch die Jugendgerichtshilfe erfolgen. Die Diversionspraxis führt aber dazu, dass die Beantwortung der Frage den Jugendlichen „zugeschoben" wird: Entweder es stellt sich im Nachhinein heraus, die Tat oder die Taten waren lediglich rein entwicklungsbedingt, dann war Diversion angebracht oder der Jugendliche war doch ein Fall schwerwiegender Delinquenz. Diversion führt dann zu einer statistisch orientierten und damit letztlich entindividualisierten Jugendstrafrechtspflege, wenn keine Zeit mehr für ein Gespräch mit der Jugendgerichtshilfe aufgewendet wird, um herauszufinden, um welche Probleme es sich handelt.

Im Reformeifer der Einführung der ambulanten Maßnahmen wurde im Bundesland Bremen der Vollzug des Jugendarrests abgeschafft. Empirische Untersuchungen hatten zum Ziel herauszufinden, ob der Jugendarrest durch die ambulanten Maßnahmen des JGG ersetzt werden kann. Das Alternativprojekt orientierte sich an Sozialen Trainingskursen und an Brücke-Projekten. Die Merkmale der Probanden entsprachen denen der Arrestanten. Als Ergebnis wurde deutlich, dass weder der Jugendarrest noch ein sozialpädagogisches Projekt dieser Tätergruppe gerecht wird.

Die Evaluation sozialer Trainingskurse und der anderen ambulanten Maßnahmen ergab letztlich keine gesicherten Erkenntnisse über Erfolg oder Misserfolg. Kraus & Rolinski stellen fest, dass schon über die Art der Durchführung kein Überblick besteht, keine Dokumentationen vorliegen und lediglich Erfahrungsberichte vorhanden sind. Die Kurse vermitteln keine theoretisch abgeleiteten Konzeptionen. Nach Kraus & Rolinski sollten gerade die sozialpädagogischen intensiveren Maßnahmen ihre spezialpräventive Überlegenheit auch gegenüber weniger eingriffsorientierten Maßnahmen nachweisen.

Die vorliegenden deutschen Studien, die eine geringere Rückfälligkeit nach informeller Erledigung gegenüber formellen ambulanten Sanktionen nachgewiesen haben, sagen über die wirkliche Effizienz ambulanter informeller und formeller Maßnahmen letztlich nichts aus, denn sie sind zu ungenau konzipiert.

Dort werden zwar bestimmte soziale Merkmale wie Alter, Geschlecht, Beruf, Vorbelastung und Delikt konstant gehalten, die innerpsychischen Prozesse und Wirkungen während und nach der Maßnahme aber vernachlässigt bzw. blieben diese unbekannt. Man weiß letztlich nicht, wie die vermutete Wirkung zustande kommt. In einer Untersuchung wurden die Jugendlichen sogar selbst über ihre Legalbewährung nach Sozialen Trainingskursen befragt, eine sicher unzureichende Methode. (19)

Insgesamt sind die Erkenntnisse über straffällige Jugendliche unzureichend und die methodischen Grundlagen der Maßnahmen ebenfalls. Die Überlegenheit im Sinne einer besseren Effizienz gegenüber dem Jugendarrest ist nicht nachgewiesen, denn je geringer die psychosoziale Belastung der Täter, desto besser ihre Legelbewährung!

Die ambulanten Maßnahmen stellen damit im Allgemeinen keine Alternative zum heutigen Jugendarrest dar, da sich in diesem keine Klienten mehr befinden, für die diese Maßnahme ursprünglich konzipiert wurde. Vergleichsuntersuchungen zwischen der Wirksamkeit des Arrests und den ambulanten Maßnahmen sind deshalb wenig sinnvoll. Jedes System muss für sich seine Effizienz nachweisen.

Der Stellenwert des Jugendarrests im Maßnahmenkatalog des JGG wird aus einigen Zahlen ersichtlich. 2006 stehen 16886 zu Jugendstrafe Verurteilten 12199 zu Arrest Verurteilte gegenüber. Von zu Jugendstrafe Verurteilten wurden aber 10211 zu Jugendstrafe mit Bewährung verurteilt. Damit stehen den 12199 zu Arrest Verurteilten nur 5918 gegenüber, die in einer Jugendstrafanstalt inhaftiert sind. Anders ausgedrückt: Von den eingesperrten Jugendlichen und Heranwachsenden befinden sich mindestens doppelt so viele im Arrest. (20) Dieser ist also die im Bundesgebiet am häufigsten verhängte Haftstrafe in dieser Altersgruppe! Für die Jahre 1975 bis 1986 sind die Zahlen in einem Datenband zum Gutachten über den Jugendarrest aufgezeigt. (21)

Die folgenden Daten vermitteln in Spalte 1 einen Vergleich zwischen den zu Jugendarrest verurteilten männlichen jugendlichen und heranwachsenden Tätern in % zu den Verurteilten insgesamt in den Jahren 1986 und 2006.

In Spalte 2 folgt analog der Prozentsatz der zu Jugendarrest Verurteilten in % der Zuchtmittel.

	1		2	
	Jgl	Hw	Jgl	Hw
1986	22.8	19.7	33.4	29.7
2006	21.2	17.7	25.6	24.3

Bei einem Vergleich der Verurteilungspraxis der Bundesländer fällt auf, dass diese in den Stadtstaaten und dem Saarland unausgewogen war und dass die Täterinnen in den meisten Bundesländern härter bestraft wurden.

Das wesentlichste Ergebnis der statistischen Analysen zeigt die bedeutsame Stellung des Arrests innerhalb des Maßnahmenkataloges. Er wird aber länderbezogen unterschiedlich eingesetzt. Das Gutachten zieht aus den Daten den Schluss, dass „Kriterien für die Anwendung oder Nichtanwendung des JA dringend erforderlich sind". (22)

Obwohl die beiden Gutachten aus den Jahren 1974/77 und 1986/89 zu diesen gleich lautenden Ergebnissen kommen und Kriterien für die Arrestanwendung mitgeliefert wurden, haben diese in der Justizpraxis keine Wirkung gezeigt.

Betrachtet man sich die Verteilung der Belegungsziffern zwischen den drei Arrestformen (Dauer-, Kurz- und Freizeitarrest), dann haben im Zeitraum von 1974-1985 im Bundesgebiet einschließlich West-Berlin 40,1 % der Arrestanten Dauerarrest, 8,5 % Kurz- und 51,4 % Freizeitarrest verbüßt. (23)

Die Verteilung der Verurteiltenanteile 2006 beträgt 47.4% (DA), 9.1% (KA) und 43.6% (FA). Obwohl die Zahlen nicht direkt vergleichbar sind, erkennt man den Rückgang der Bedeutung des Freizeitarrests gegenüber dem Dauerarrest. Splittet man die Zahlen von 2006 nach dem Geschlecht auf, dann waren 89.1% im DA ♂, 10.9% ♀; im FA waren 86.0% ♂, 14.0% ♀; im KA 85.4% ♂, 14.6%♀.

Die Verteilung der beiden Altersgruppen (14-17) und 18-21 Jahre auf die drei Arrestformen 2006 zeigt, dass die jüngeren Täter sich eher im Freizeitarrest, die älteren eher im Dauerarrest befinden. Die Zahlen für die Jugendlichen: 44.4% (DA), 8.7% (KA), 46.7% (FA); die Zahlen für die Heranwachsenden: 51.6% (DA), 9.2% (KA) und 39.1% (FA).

Die folgende Tabelle der Anstaltsbelegungen vermittelt einen Einblick in die Verteilungen der drei Arrestformen in den Jahren 1974, 1980 und 1985. (24)

	DA		KA		FA	
	♂	♀	♂	♀	♂	♀
1974	49.3	46.8	7.5	13.1	43.2	40.0
1980	41.3	49.2	9.8	14.5	48.7	36.2
1985	49.1	53.4	10.6	18.7	40.0	27.8
1974-1985	46.2	49.2	9.2	15.6	44.3	34.9

Die Belegungszahlen geben Einblick in die Arrestantenstruktur der Anstalten und werfen Fragen im Zusammenhang mit der Behandlung auf.

Ein so hoher Anteil von Tätern mit kurzer Arrestdauer – besonders an Wochenenden – dürfte die Anstalten vor konzeptionelle und personelle Probleme stellen. Dabei dürfte der Anteil von Mädchen und Frauen ebenfalls eine Rolle spielen.

Die Altersverteilung in der nachfolgenden Übersicht verdeutlicht eines der Kernprobleme des Jugendarrests, das an verschiedenen Stellen des Buches thematisiert wird. Die Verteilung im Zeitraum 1974-1985 für die einzelnen Bundesländer zeigt, dass der heutige Jugendarrest kein „Jugend"-Arrest in der vom Gesetzgeber definierten Konzeption mehr ist!

Deshalb stellt sich die Frage nach sinnvollen Behandlungskonzepten. Die eigentlichen Jugendlichen sind unterrepräsentiert und aus strafrechtlicher Sicht nach dem JGG (105 JGG) handelt es sich eigentlich um einen Heranwachsendenarrest. Das Gutachten 1989 bewertet diese Entwicklungen:

„Die auch in den FA-Räumen zu beobachtende Zunahme der Heranwachsenden lässt den Schluß zu, dass die delinquente Belastung der Probanden zugenommen hat. Auf dem Hintergrund der gleichzeitig zunehmenden Diversionsbestrebungen in den 80er Jahren kann damit die Hypothese aufgestellt werden, dass der Jugendarrest zunehmend zum 'Sammelbecken' von Probanden wird, die z.T. durch den Arrest noch vor der Jugendstrafe bewahrt werden sollen. Die jüngeren Probanden werden dagegen anscheinend zunehmend mit ambulanten Maßnahmen belegt." (25)

Die Altersverteilung in % (Alter in Jahren) im Zeitraum 1974-1985 zeigt die großen Differenzen zwischen den alten Bundesländern. So variiert der Anteil der 14-15jährigen zwischen 5.7% in Hamburg und 18.0% in Rheinland-Pfalz.

Die Anteile der 16-17jährigen streuen dagegen nicht so stark und liegen zwischen 26.3% in Hamburg und 36.3% in Bayern. Am stärksten ist die Altersgruppe (Erwachsene) zwischen 18 und 21 Jahren vertreten:

68% in Hamburg, 60.6%* in Hessen, 66.5%* in Schleswig-Holstein und 46.0%* in Rheinland-Pfalz. Die übrigen Länder liegen zwischen den aufgeführten Extremen. (* kein Freizeitarrest aus Freizeitarresträumen berücksichtigt)

Abschließend geben die folgenden Ausschnitte des Gutachtens eine Bewertung des Arrests ab, die erkennen lassen, dass Zweifel erlaubt sind, ob in den Jugendverfahren die Vorgaben des JGG der individuellen Bewertung der Täter in jedem Einzelfall berücksichtigt werden.

Man kann an der schon oben kritisierten Verurteilungspraxis nicht erkennen, dass sich an der damaligen Bewertung etwas geändert haben sollte. Die Einschätzung dürfte auch nach 20 Jahren noch nichts von ihrer Aktualität verloren haben.

„Insgesamt bietet auch diese Tabelle das Bild regionaler Differenzen, die nur den Schluß zulassen, dass nicht der Einzelfall im Mittelpunkt der Überlegungen steht, sondern dass die Verurteilung zu bestimmten Arrestformen regionale „Moden" widerspiegelt...Es kann daraus weiter geschlossen werden, dass es keine eindeutigen wissenschaftlichen Kriterien für die Verhängung von JA gibt." (26)

Und an anderer Stelle: „Die statistische Analyse stützt deshalb die...gewonnene Erkenntnis eines unwissenschaftlichen und dem JGG nicht entsprechenden Vorgehens bei der Verhängung von Maßnahmen nach dem JGG. Eine konsequente Anwendung des Täterstrafrechts würde bei allen Maßnahmen eine regional ausgewogenere Verteilung erwarten lassen." (27)

Auch unterhalb der Länderebene, auf derjenigen der Landgerichtsbezirke, divergiert die Arrestpraxis. Dies stützt die Annahme, dass die Jugendrichter sich nach Kriterien richten, die mit der Problemlage der Probanden wenig zu tun haben.

Die Analyse der Daten von Rheinland-Pfalz auf der Grundlage der Zählkarten von 1976-1986 zeigt Ergebnisse, die nicht erwünscht sind. Obwohl die Anzahl der Arrestanten etwa gleich geblieben ist, hat sich der Anteil der 14- und 15jährigen verringert, derjenige der Heranwachsenden erhöht.

Der Anteil der Vorbelasteten hat stetig zugenommen, ebenso der Anteil derer, die 3-5 Vorverurteilungen aufwiesen. Die Vorbelastung zeigt „krasse regionale Unterschiede".

Alle Daten deuten auf eine extreme Heterogenität der Insassen einer Arrestanstalt hin. Eine Differenzierung bei der Behandlung im Vollzug wird dadurch extrem schwierig.

„Die Ergebnisse der regionalen Rheinland-Pfalz-Analyse lassen massive Probleme in den verschiedensten Bereichen der Jugendstrafrechtspflege hinsichtlich des Stellenwertes des Jugendarrestes erkennen und vermuten." (28)

Der Dauerarrest laut Beschluss ist im Zeitraum 1974-1986 angestiegen, und lag, gemittelt über fünf Anstalten, für diesen Zeitraum durchschnittlich bei 34%.

Während er z.b. bei den männlichen Arrestanten in der Anstalt München in den Jahren zwischen 1974 und 1986 zwischen 14% und 28% lag, waren die Zahlen in diesem Zeitraum bei den Frauen und Mädchen weitaus höher (zwischen 23% und 60%).

In einer Anstalt in Nordrhein-Westfalen, in der nur weibliche Probanden inhaftiert waren, lag der Anteil im gleichen Zeitraum immer in der Nähe von 50%, d.h. die Hälfte aller Insassinnen verbüßte Ungehorsamsarreste. Für den Zeitraum ist erkennbar, dass diese Arrestart zugenommen hat. (29)

Der Anteil der Ungehorsamsarreste ist angestiegen, die Dauerarreste laut Urteil haben abgenommen. Das Gutachten zieht daraus folgendes Fazit:

„Damit erhält...der erzieherische Aspekt im Arrest weiteres Gewicht, denn die... Nichterfüllung von ambulanten Maßnahmen weist auf Grenzen der Akzeptanz dieser Maßnahmen hin." (30)

Der hohe Anteil an Ungehorsamsarrest/Beugearrest weist deutlich darauf hin, dass den ambulanten Maßnahmen Grenzen gesetzt sind. Die Verurteilten mit Beugearrest lassen auch eine erhöhte psychische Belastung erkennen.

Die Orientierung an der Persönlichkeit und dem sozialen Hintergrund der Täter, die vom Jugendgerichtsgesetz eigentlich gefordert wird, kann nur berücksichtigt werden, wenn die fachliche Aus- und Weiterbildung der Beteiligten an der Jugendstrafrechtspflege gewährleistet wird.

Wenn man in der Praxis Jugendliche und Heranwachsende (nach Zivilrecht eigentlich Erwachsene), die Straftaten begehen, zu einer so einschneidenden Maßnahme wie einem Freiheitsentzug verurteilt, sollten die an dieser Entscheidung beteiligten Personen (Sozialarbeiter, Jugendstaatsanwälte und Jugendrichter) eigentlich über die Hintergründe und psychosozialen Fakten ausreichende theoretische Kenntnisse besitzen.

Leider kann das nicht immer angenommen werden, denn die Ausbildung der genannten Personengruppen ist höchst unterschiedlich. (31)

Ob dann durch einschlägige Fortbildungen Lücken der Ausbildung gefüllt werden, ist oft fraglich und allein den Einzelnen überlassen. Aus diesen Gründen sollen im 2. Kapitel einige theoretische Aspekte behandelt werden, die dissoziales Handeln besser erklären oder verstehen helfen.

1.5. Rückfälligkeit als Maßstab der Wirkung des Arrests

Die einzige repräsentative Rückfalluntersuchung, die eine Kombination von sozialen/psychologischen Merkmalen mit dem Rückfallkriterium (Strafregister-auszüge) aufweist, wurde schon 1974 an einer Stichprobe von 1408 Arrestanten aus 17 Jugendarrestanstalten (Ausnahme: die Länder Niedersachsen und Hamburg) durchgeführt.

Die durchschnittliche (über die Anstalten gemittelte) Zeitspanne zwischen dem Zeitpunkt der Entlassung aus dem Arrest und dem ersten festgestellten Rückfall betrug 23 Monate, die durchschnittliche Rückfallquote 31.5%. Der Zeitraum von zwei Jahren ist aus verschiedenen Gründen sinnvoll, denn danach steigen die Rückfallkurven kaum noch an. Die Rückfallquoten steigen allgemein mit zunehmender Arrestdauer. Auch die älteren Jugendlichen werden mit einer höheren Quote rückfällig.

Alle Werte zwischen den einzelnen Zeitgruppen (1, 2, 3, 4wöchiger Arrest) und auch hinsichtlich des Alters waren sehr signifikant (P= 0.0)! Die Ungehorsams-arrestanten (Nichterfüllung einer Auflage) wurden ebenfalls signifikant rückfälliger als diejenigen mit dem Delikt „Diebstahl".

Aus diesen Ergebnissen kann man ableiten, dass die Jugendlichen, die älter sind und einen längeren Arrest bzw. einen Ungehorsamsarrest verbüßen, stärker gefährdet sind und der Arrest für sie wahrscheinlich allein und in der damaligen Form keine hilfreiche Reaktion darstellte. Diese Einschätzung dürfte auch heute noch gelten.

Dies lässt sich auch aus den weiteren Ergebnissen ableiten, die ebenfalls zeigen, dass die Rückfälligkeit mit der psychosozialen Belastung der Jugendlichen zusammenhängt. Man kann daraus eine generelle Behauptung ableiten: Je höher die Belastung ist (= höheres Stressniveau), umso wahrscheinlicher wird ein Rückfall.

Dies kann mit den Belastungssummenwerten, die sich rückblickend auch aus der neueren Forschung als sinnvoll erweisen, belegt werden. Der Gesamt-belastungswert der 427 Rückfälligen unterschied sich sehr signifikant (P= 0.0) von dem Wert der 908 Nichtrückfälligen. Unterteilt man straffällige jugendliche Arrestanten in „Rückfällige" und „Nichtrückfällige" kann man folgendes feststellen:

Die Rückfälligen wiesen eine niedrigere Berufs- und Tätigkeitseinstufung auf, sie hatten signifikant mehr Lehr- und Arbeitsstellen.

Die Belastung im Schulbereich war höher, ebenso diejenige durch Krankheiten und durch Familienprobleme. Die Atmosphäre in der Familie wurde signifikant negativer bewertet. (31a)

Mit anderen Worten: Diejenigen Jugendlichen, deren Familien- und Schulsituation problematisch sind und die gesundheitliche Einschränkungen in Kauf nehmen mussten, werden eher rückfällig. Sie weisen eine höhere psychosoziale Belastung auf.

Rückfällige lassen sich durch folgende einzelne Merkmale beschreiben: sie sind nicht nur zu Hause aufgewachsen; sie fühlen sich vom Vater/Stiefvater oft ungerecht behandelt; sie wurden zu Hause oder im Heim öfter geschlagen; sie fanden die körperliche Bestrafung zu hart; und sie wurden eher mit Gegenständen als mit der Hand geschlagen; sie haben öfter im Krankenhaus gelegen und konnten wegen einer Krankheit längere Zeit nicht arbeiten; sie hatten den Eindruck, dass ihre Eltern sich über die Erziehung oft nicht einig waren und konnten zu Hause tun und lassen was sie wollten, ohne dass sich die Eltern darum groß kümmerten; sie fühlen sich auch als das „schwarze Schaf" der Familie.

Die Einstellung von Rückfälligen gegenüber Institutionen der Gesellschaft (Polizei/Justiz) ist vor Beginn des Arrests signifikant negativer als die der Nichtrückfälligen. Die Rückfälligen werden durch den Arrestvollzug signifikant aggressiver und „machiavellistischer" als die Nichtrückfälligen.

Die Rückfälligen unterscheiden sich auch von den Nichtrückfälligen signifikant aber nicht mehr so extrem durch folgende Merkmale: Sie trinken gern Alkohol, haben schon eher Drogen ausprobiert, meinen, dass man Probleme lösen kann, wenn man auswandert und würden ihre Kinder nicht so erziehen, wie sie von ihren Eltern erzogen worden sind. Sie meinen auch eher, dass Jugendliche besondere Schwierigkeiten mit den Eltern haben.

> Ein sinnvoll gestalteter Arrestvollzug sollte deshalb eine intensivere Betreuung der Insassen zum Ziel haben, die stärkere psychosoziale Belastungen erkennen lassen bzw. die berichteten Merkmale aufweisen, die als Indikatoren für eine solche Belastung sprechen.

In der Untersuchung wurden die beteiligten 17 Anstalten auch in eine Rangreihe nach eingeschätzter „Repressivität" eingestuft. Darunter ist zu verstehen, dass sie bei Durchführung der Untersuchung den Arrest noch relativ hart und restriktiv handhaben. Es zeigte sich, dass die als repressiver eingestuften Anstalten auch die höheren Rückfallquoten aufwiesen.

Auch die empirischen Studien der vergangenen Jahrzehnte zeigten die geringe positive Wirkung hinsichtlich der Legelbewährung. Nur wenn Arrest auf die „geeigneten", d.h. weniger psychosozial belasteten Täter beschränkt wurde, lagen die Rückfallquoten in einem akzeptablen Bereich.

Allgemein ist deshalb zu fordern, dass die Maßnahmen auf die psychosozialen Problemlagen der Täter abgestimmt sein müssen. Problematik und Maßnahmen müssen zueinander passen. Diese Passung ist auch beim Vollzug des Jugendarrests zu fordern.

Nach einer neueren Studie von Jehle, Heinz & Sutterer (2003) gab es insgesamt eine Rückfallquote von 70%, bei Jugendstrafen zur Bewährung eine von 60%. Die Quote bei Jugendstrafen ohne Bewährung lag bei 78%, vier Jahre nach der Entlassung bei allen Gruppen.

Wie mehrfach erwähnt, sollen nur „geeignete" Jugendliche zu Arrest verurteilt werden. Dies sind, in juristischer Terminologie, die sog. „gutgearteten Täter". Diese waren aber 1974 schon in der Minderzahl (ca. 30%) und sind 1989 zahlenmäßig kaum noch erfassbar. Man kann vermuten, dass im Jahre 2009 von dieser Gruppe kaum einer mehr zu Arrest verurteilt wird, wenn man eventuell von einigen ländlichen Regionen in Süddeutschland absieht. Diese Gruppe besteht wahrscheinlich aus den geringer psychosozial belasteten Tätern.

Mit anderen Worten: Der Vollzug des Jugendarrests in seiner aktuellen Ausprägung ist für die meisten der zu Arrest Verurteilten nicht „geeignet" oder diese sind nicht für diese Art Vollzug „geeignet". Die Gruppe, die besonders in den Ballungsgebieten und Großstädten zu Arrest verurteilt wird, sind solche Jugendliche, die bereits zu Jugendstrafe verurteilt worden sind, in U-Haft waren bzw. solche, die schon so vorbelastet sind, dass sie eigentlich hätten zu Jugendstrafe verurteilt werden müssen oder wo sich dies mit großer Wahrscheinlichkeit in Zukunft nicht vermeiden lässt.

Daraus wird die Problematik des Jugendarrests überdeutlich: Er wird mit problematischen Heranwachsenden gefüllt (statistisch ist es kein „Jugend"- sondern ein „Erwachsenenarrest") oder besser: überfüllt, denn die Arrestmitarbeiter können in der kurzen Haftzeit nicht auf diese Problemgruppe eingehen.

Die Lösung für diese Situation besteht darin, (1) eine sorgfältige individuell begründete Auswahl der Täter zu treffen, die zu Arrest verurteilt werden, (2) ihn den Erfordernissen anzupassen, d.h. eine erzieherische Ausgestaltung vorzunehmen. Das erfordert Fachpersonal und eventuell eine Verlängerung des DA. Die geforderte Abschaffung ist unrealistisch.

1.6. Das Rückfallkriterium als Evaluationsmethode

In der Diskussion um den Jugendarrest werden immer wieder die hohen Rückfallquoten als Argument gegen die Effizienz dieser Maßnahme ins Feld geführt. Dass diese Argumentation nicht stimmig ist, sollen die folgenden Ausführungen belegen. Vorweg das Ergebnis: Rückfallquoten sind nur vordergründig ein Beweis für Erfolg oder Misserfolg einer Justizmaßnahme; bei genauer Analyse haben sie nur partielle Aussagekraft.

Deshalb einige notwendige Ausführungen zum Sinn und Verständnis von Rückfallquoten: Im Gutachten von 1977 wurde die Problematik des Rückfallkriteriums als Indikator für die Effizienz einer Justizmaßnahme, hier des Arrestvollzuges, ausführlich diskutiert. An kaum einer Stelle in der kriminologischen Literatur wird aber die Rückfallquote in Frage gestellt. Das ist auch aus Sicht der Justiz verständlich, denn diese Disziplin verfügt nicht über geeignete methodische Instrumente, um einen Erfolg ihrer Maßnahmen zu messen, die Rückfallquoten spiegeln dies aber vor. (32)

Für den Jugendarrest gilt ebenfalls, dass die Quoten „nicht die geringste Beweiskraft hinsichtlich der Wirksamkeit oder Unwirksamkeit des Vollzuges" besitzen. (33)

Auch die Behauptung in der kriminologischen Literatur, es sei unbedingt notwendig den zeitlichen Abstand zwischen Straftat und Maßnahme gering zu halten, um die Effizienz einer Maßnahme zu erhöhen, ist weder theoretisch noch empirisch genügend belegt. So konnte bei der empirischen Erhebung zum Gutachten 1977 keinerlei statistisch gesicherter Zusammenhang (bei 1174 Arrestanten) zwischen Rückfall und den Zeiten Tat/Arrestantritt und Urteil /Arrestantritt nachgewiesen werden. Die gesamte Zeitspanne lag durchschnittlich bei 10.8 Monaten und streute regional sehr stark. (34)

Zuerst ein einfacher Sachverhalt bei der Diskussion um das Rückfallkriterium: Je problematischer die Täter sind, umso höher ihre Rückfallquote, völlig unabhängig von der jeweiligen Maßnahme. Auch spricht eine Rückfallquote nur gegen oder für die Qualität einer Maßnahme, wenn in dieser eine angemessene Behandlung überhaupt möglich ist. Außerdem ist eine Rückfallquote nur sinnvoll interpretierbar, wenn ein genügend langer Zeitraum berücksichtigt wird, da es sich bei Rückfällen einer problematischen Klientel um zeitlich kumulierende Sachverhalte handelt. Die Frage, was ein Rückfall überhaupt ist (= operationale Definition), wird in der kriminologischen Literatur nicht einheitlich und oft nicht plausibel begründet. Ohne eine Berücksichtigung psychischer Sachverhalte kann die Frage auch nicht abschließend beantwortet werden.

Eine Rückfallquote beim Jugendarrest ist somit nicht interpretierbar, denn allein die Tatsache, dass sich im Arrest kaum noch die ursprünglich erwünschten harmlosen Jugendtäter (= geeignete Probanden) befinden, führt zu einer hohen Rückfallquote. Wie soll der aktuelle Arrestvollzug von 1, 2, 3 oder maximal 4 Wochen bewirken, dass ein schon in der kriminellen Karriere befindlicher Täter sich durch ihn beeinflussen lässt? Dies wäre eine völlig überzogene Erwartung.

Mit anderen Worten: Eine hohe Rückfallquote im Arrest (in der Diskussion werden 80% genannt) ist nur der Beweis, dass sich dort mehrheitlich Heranwachsende befinden, die durch den kurzen unqualifizierten Arrestvollzug gar nicht resozialisiert werden können und eigentlich in den Jugendstrafvollzug bzw. in eine längerfristige Maßnahme gehören.

Um den Fetisch „Rückfallquote" zu relativieren, wurde schon 1977 vorgeschlagen, den Jugendarrest „erzieherisch" auszugestalten, d.h. inhaltliche Kriterien in den Mittelpunkt zu stellen, soweit dies bei einer solchen Maßnahme möglich ist. Dieser Vorschlag hat zwar zur Änderung der Vollzugsordnung beigetragen, auch haben sich einige Anstalten ansatzweise in diese Richtung entwickelt, insgesamt jedoch ist wenig geschehen.

In der Vergangenheit konnte man den Trend beobachten, möglichst allen Delinquenten auch noch die Jugendstrafe, zumindest die Strafanstalt zu ersparen. Der „wiederentdeckte" Arrest sollte helfen, dieses Ziel zu erreichen. Der Vollzug, als „harte" Maßnahme sollte als „Ersatzfreiheitsstrafe" dienen und so den Vollzug der Jugendstrafe „ersetzen". Wenn dann noch mehrmals Jugendstrafe zur Bewährung und Dauerarrest verhängt wird, tritt der Fall ein, dass die nun schon Heranwachsenden aus Altersgründen nicht mehr zu Jugendstrafe ohne Bewährung verurteilt werden können, sondern letztlich zu einer Erwachsenenstrafe. Man hat also zwar den Heranwachsenden die Jugendstrafanstalt „erspart", sie finden sich aber in der Folge frühzeitig im Erwachsenenvollzug wieder, denn ihre persönliche Problematik wurde bis dahin „ausgespart".

Letztlich wird mit dem Arrest und seinen Insassen ein unehrliches Spiel getrieben. Man will ihn aus ideologischen Gründen einer falsch verstandenen Straffälligenhilfe nicht, man nutzt ihn aber exzessiv. Alle diejenigen, bei denen ambulante Maßnahmen nicht wirken, kommen früher oder später in den Arrest; wenn dieser nicht wirkt, möglichst mehrmals, um die angeblich immer schädliche Jugendstrafe zu vermeiden. Allerdings findet eine „kriminelle Ansteckung" auch im Arrest statt, weil die Anstalten so überfüllt sind, dass eine Trennung der Inhaftierten gar nicht möglich ist. Der Arrest wird also massiv „missbraucht". Er soll abgeschafft werden, weil er ein erzieherisch untaugliches Instrument ist, das kriminalisierend wirkt, auf der anderen Seite durchlaufen ihn weit mehr Delinquente als den Jugendstrafvollzug.

Anmerkungen zu 1

(1) „Die wahre Ehre des Menschen besteht darin, dass er Gott mehr gehorcht als den Menschen…" (Foerster, 1920, 205)
(2) Eisenhardt, 1977
(3) Sieverts, 1961, 156
(4) Rietzsch, 1941, 493, zit. nach Eisenhardt, 1977
(5) ebda.
(6) Vornefeld, 1940, 1206
(7) vgl. Eisenhardt, 1977
(8) Eisenhardt, 1977, 50
(9) Eisenhardt, 1977, 30
(10) Eisenhardt, 1989a, 49.
(11) Eisenhardt, 1977
(12) „Der Gesetzgeber des 1. JGGÄndG von 1990 ging, in Übereinstimmung mit der Forschung, davon aus, „dass die in der Praxis erprobten neuen ambulanten Maßnahmen…die traditionellen Sanktionen (Geldbuße, Jugendarrest, Jugendstrafe) weitgehend ersetzen können, ohne dass sich damit die Rückfallgefahr erhöht." (Bundesministerium, 1.PSB, 2001, 368)
(13) „Der durch Urteil verhängte Jugendarrest hat zwar deutlich an Bedeutung verloren, unter den stationären Sanktionen dominiert er aber dennoch. Freilich wird damit die vollständige Bedeutung des Jugendarrestes nur unvollständig wiedergegeben. Denn zu den Arrestmaßnahmen aufgrund eines Urteils kommen die sogeannten Ungehorsamsarreste hinzu, die bei schuldhafter Nichterfüllung von Weisungen und Auslagen gem. §§ 11 Abs. 3, 15 Abs. 3 JGG verhängt werden können. Zur Häufigkeit des Ungehorsamarrestes fehlen verlässliche statistische Informationen. Nach empirischen Untersuchungen dürften zwischen 20 und 30%, in manchen Regionen – abhängig vom Gebrauch der ambulanten Sanktionen – bis zu 50% der insgesamt vollstreckten Arreste auf Ungehorsamarrest entfallen." (Bundesministerium, 1.PSB, 2001, 371)
(14) Nach Untersuchungen zur Häufigkeit des Ungehorsamsarrests betrug dessen Anteil 1988 etwa 30%. Bei einer anderen Untersuchung lag er bei 22%. (Riechert-Rother, 2008)
(15) Riechert-Rother, 2008
(16) Meyer-Höger, 1998, 12
(17) Spiess, 1994
(18) Auch bei nach Jugendstrafrecht Verurteilten waren 3 von 4 Zuchtmittel. Im Vordergrund standen „ahndende" Sanktionen, nicht so sehr helfende. (367)
(19) vgl. Kraus & Rolinski, 1990/1992
(20) „Von allen verhängten Sanktionen zielten 18% auf einen unmittelbaren Freiheitsentzug ab: Auf nicht zur Bewährung ausgesetzte Jugendstrafe entfielen 5%, auf Jugendarrest 13%. (Bundesministerium, 1.PSB, 2001, 367)
(21) Eisenhardt, 1989b
(22) Eisenhardt, 1989b, 15
(23) vgl. Eisenhardt, 1989b.
(24) ebda
(25) Eisenhardt, 1989b, 19
(26) Eisenhardt, 1989b, 20
(27) Eisenhardt, 1989b, 228

(28) Eisenhardt, 1989b, 64

(29) vgl. Eisenhardt, 1989b

(30) Eisenhardt, 1989b, 107

(31) Die Ausbildung von Sozialarbeiters/-Sozialarbeiterin vermittelt nur eingeschränkte psychologische Kompetenzen, keine diagnostischen Kenntnisse und nur selten kriminal-psychologisches Wissen. In der Praxis kommt es oft vor, dass die Absolventen Schwerpunkte ihrer praxisbezogenen Ausbildungsinhalte auf Praxisfelder richten, die mit den Problemen Straffälliger nicht das Geringste zu tun haben.

(31a) vgl. Eisenhardt, 1977

(32) Die Erfolgskontrolle einer Sanktion oder Maßnahme wird durch Rückfallstatistiken belegt. Es handelt sich aber um eine methodisch schwierige Aufgabe. Misserfolg wird anhand der erneuten justiziellen Auffälligkeit gemessen. Dabei ist das Problem des kausalen Zusammenhangs zwischen Sanktion und Rückfall bisher ungelöst. „Niedrige Rückfallraten beweisen keinen positiven Einfluss der Strafe; hohe Rückfälligkeit muss nicht durch die ‚Sanktion „bewirkt" sein." (Bundesministerium des Inneren/Bundesministerium der Justiz, 2001, 445)

Die geringere Rückfälligkeit nach ambulanten Maßnahmen im Gegensatz zu den stationären Sanktionen ist nicht leicht erklärbar. Denn die deskriptiven Studien über die Rückfälligkeit lassen „keinerlei Rückschluss zu auf einen etwaigen Kausalzusammenhang zwischen Rückfall und Art, Höhe, Schwere usw. der Sanktionen, denn die Unterschiede könnten auch auf Tätereigenschaften beruhen oder eine zutreffende Prognose der Richter widerspiegeln. Deshalb überrascht es nicht, dass zum Beispiel die Rückfallraten nach Strafaussetzung zur Bewährung niedriger sind als nach vollstreckten Freiheitsstrafen, denn die Gewährung von Strafaussetzung ist bedingt durch eine günstige Sozialprognose. Aussagen über den Erfolg von Sanktionen setzen deshalb vergleichbare Tat- und Tätergruppen voraus." (Bundesmini-sterium des Inneren/Bundesministerium der Justiz, 2001, 454)

(33) Eisenhardt, 1989a, 54

(34) Die Zeiten zwischen Tat, Urteil und Arrestantritt (Dauerarrest) wurden bei über 1000 Probanden in 16 Arrestanstalten erfasst. In das Dezimalsystem umgerechnet betrug der erste Zeitabschnitt 0.59, der zweite 0.32 Jahre. 1974 lagen die Werte bei 0.70 und 0.39 Jahren. Die Gesamtzeit liegt also bei einem Jahr. Beim Freizeitarrest lag die Gesamtzeit bei 0.77 Jahren. Die Werte zwischen den Anstalten waren beträchtlich, d.h. auch bei diesem Kriterium bestehen regionale Unterschiede. (vgl. Eisenhardt, 1989b)

2. Psychologische Ursachen der Jugendkriminalität

In der internationalen Forschung zur Entstehung dissozialen Verhaltens und dessen Prävention finden sich eine Reihe von Hinweisen, die in die Praxis der Jugendstrafrechtspflege in Deutschland Eingang finden sollten, um eine bessere Qualität der Entscheidungen und der Gestaltung der Maßnahmen zu erreichen.

Das gilt auch für den Jugendarrest, denn dieser bietet die Chance innerhalb der Jugendstrafrechtspflege, sich mit den Jugendlichen intensiver und qualifizierter zu befassen als bisher, d.h. mindestens eine differenzierte Diagnose zu stellen.

Den folgenden Ausführungen ist zu entnehmen, dass weder Jugendgerichtshilfe noch Jugendstaatsanwaltschaft oder Gericht diese Chancen in ausreichendem Maße wahrnehmen. Deshalb werden im Abschnitt 2.5. Vorschläge unterbreitet.

Sollen Verhaltensstörungen bei Kindern und dissoziales Verhalten bei Jugendlichen verhindert werden, dann sind zwei Fragen zu klären: Wie ist ein solches Verhalten entstanden und durch welche Maßnahmen kann ihm effizient begegnet werden? Beides schließt eine fundierte Diagnose und Prognose mit ein.

Mit aller Deutlichkeit ist hier zu sagen, dass weder das Personal vorhanden ist, noch die vorhandenen Instrumente valide genug sind bzw. genutzt werden, um Diagnosen bzw. Prognosen über die weitere kriminelle Karriere der jugendlichen und heranwachsenden Arrestanten zu stellen. Ganz im Gegenteil wurden in den vergangenen Jahrzehnten differenzierte Prognosen vermieden und statt deren weitgehend „Glaubenssätze" zur Grundlage von Entscheidungen der Jugendstrafrechtspflege gemacht.

Dies hat zur oben beschriebenen Situation des Jugendarrests beigetragen. Deshalb erscheint es gerechtfertigt, in den folgenden Abschnitten einige wissenschaftliche Erkenntnisse darzulegen, auf deren Basis eine realitätsgerechtere Praxis im Bereich des Jugendarrests möglich werden könnte.

Die Problematik von Prognosen wird seit Jahrzehnten in der Literatur ausführlich diskutiert, die Prognosekriterien sind aber so unübersichtlich strukturiert, dass die verschiedenen Ansätze in der Praxis überhaupt nicht genutzt werden, d.h. es fand bisher kein Transfer zwischen Forschung und Praxis statt. Deswegen werden prognostische Bewertungen entweder rein subjektiv oder nur durch selten eingesetzte forensisch-individuelle Gutachten bei gravierenden Straftaten vorgenommen, die oft auf theoretisch umstrittenen Grundlagen beruhen und methodisch wenig abgesichert sind. Bei Entscheidungen im Jugendgerichtsverfahren zu Arrest finden sich dagegen keine Begutachtungen.

Diese Arbeit will nicht alle theoretischen Erkenntnisse über die Entstehung von dissozialem Verhalten einbeziehen, die sich in kriminologischen Lehrbüchern finden und auch in diverse Prognoseverfahren eingeflossen sind, sondern sie greift nur einige psychologisch relevante Sachverhalte auf, die eine Erklärung des individuellen Täterhandelns ermöglichen und zu einer erzieherischen Gestaltung des Arrests beitragen können. Dabei bezieht sie sich besonders auf drei theoretische Schwerpunkte: die entwicklungspsychologische bzw. (-psychopathologische), die stresstheoretische und lerntheoretische Perspektive.

Die psychologischen theoretischen Ansätze, die zur Erklärung dissozialen Verhaltens beitragen, können in zwei Klassen eingeteilt werden: in solche, die dissoziales Verhalten als gelernt ansehen und solche, die das entsprechende Verhalten auf Defizite durch biologische Faktoren oder Belastungen aus der Umwelt zurückführen. Schon daraus ist ersichtlich, dass eine rechtstheoretisch fiktive Vorstellung, ein jugendlicher Täter sei meistens in der Lage, sein Verhalten zu steuern, nicht sehr realistisch ist. Es kommt darauf an, ihm ein soziales Verhalten oft erst zu vermitteln, notfalls auch mit rigorosen Maßnahmen.

In den Ansätzen wird die Tatsache berücksichtigt, dass psychobiologische Ausstattung der Person und Umwelteinflüsse interagieren, das dissoziale Verhalten einer Person ist dann das Ergebnis dieser Interaktionen. In diese Auffassung passt besonders die lerntheoretische Perspektive. Um die dargelegten Erkenntnisse für die Arrestpraxis zu verdeutlichen, werden entsprechende Hinweise in den Text eingefügt.

Generell wird in dieser Arbeit angenommen, dass dissoziales Verhalten Ausdruck eines gestörten Gleichgewichtes zwischen einer Person und ihrer Umwelt ist. Der Einzelne oder eine Gruppe kann dann die Belastungen nicht mehr bewältigen und reagiert mit Symptomen (z.B. Straftaten). Aus dieser Sicht wird dissoziales Verhalten als eine Folge der grundlegenden Anpassungsstörung des Organismus begriffen.

Prävention hat dann die Aufgabe, den Organismus wieder in einen Gleichgewichtszustand mit der Umwelt zu bringen. Angenommen wird auch, dass die Person nicht über angemessene Reaktionsweisen verfügt, d.h. notwendige Kompetenzen nicht besitzt oder verfügbar hat. Eine Prävention von dissozialem Verhalten besteht darin, die Ursachen für die Ungleichgewichtigkeiten herauszufinden und zu beseitigen.

Die Möglichkeiten des Arrestvollzugs zielen in diesem Kontext auf eine „personenbezogene" Prävention, d.h. die Erhöhung der Kompetenzen und damit die Erweiterung des Handlungsspielraums der Person, wie sie in Kapitel 5 unter dem Begriff der Präventionschancen dargelegt wird.

2.1. Die entwicklungspsychologische Perspektive

Die Verhaltensstörungen der Kinder als Vorläufer dissozialen Verhaltens lassen sich in vier Gruppen einteilen. (1) Aggressives Verhalten (grausames Verhalten gegenüber Tieren, Mobbing von Schulkameraden, räuberische Erpressung, Bedrohung mit Waffen und Angriffe auf die Person (Körperverletzungen einschließlich sexueller Übergriffe). (2) Oppositionelles unbeeinflussbares Verhalten (Wutausbrüche, leichte Erregbarkeit; die Kinder sind leicht beleidigt, nachtragend und schieben anderen die Verantwortung für das eigene Verhalten zu). (3) Verhaltensweisen, wie Schulschwänzen und Weglaufen von zu Hause. (4) Die vierte Gruppe besteht aus „verdeckten" Störungen (Lügen und Stehlen, Vandalismus und Feuerlegen). (1)

Bei der großen Mehrheit sind diese Handlungen zeitlich auf die Entwicklungsphase begrenzt; die Handlungen sind auch oft situationsabhängig, treten nur zeitweise auf und finden ihr Ende auch ohne Intervention.

Eine kleine Gruppe, bleibt aber langfristig delinquent; sie ist durch zahlreiche Risikofaktoren und die erwähnten früh einsetzenden psychosozialen Auffälligkeiten gekennzeichnet. Man spricht von „persistenten", d.h. dauerhaften Lebenslauftätern. (2)

Für die Verurteilungspraxis wäre es schon wünschenswert, wenn möglichst frühzeitig eine Diagnose gestellt würde, zu welcher dieser beiden Gruppen ein Jugendlicher Angeklagter gehört. Eine Zuordnung ist ohne Schwierigkeiten zu treffen, wenn man eine sorgfältige Anamnese durchführen würde. Um es hier schon vorweg zu nehmen: Eine pauschale Verurteilung zu ambulanten Maßnahmen oder zu Jugendarrest kommt für persistente Täter sinnvollerweise nicht in Frage, ist aber die Regel.

Der Häufigkeit des dissozialen Verhaltens ist altersabhängig. Die Tatverdächtigenrate ist mit 17 Jahren am höchsten, nachdem sie ab 10 Jahren einen steilen Anstieg verzeichnet und fällt dann mit Anfang 20 wieder ab. Mit 28 Jahren haben 85% ihr straffälliges Verhalten beendet.

Die oben erwähnte relativ kleine Gruppe beginnt als Jugendliche Straftaten zu begehen und setzt diese auch als Heranwachsende und Erwachsene fort. Bei ihnen beginnt das auffällige Verhalten schon im Kindesalter (ab etwa 3 Jahren) mit den erwähnten Verhaltensauffälligkeiten (z.B. Wutausbrüche, Aggressionen und Ungehorsam). Diese Gruppe macht etwa 5-6% der gesamten Tätergruppe aus. Es handelt sich um Intensivtäter, die für ca. 50% der Straftaten verantwortlich sind. (3)

Mit 11-15 Jahren wird dann die zweite größere Gruppe aktiv, deren dissoziales Verhalten nicht stabil ist und mit Ende der Adoleszenz wieder aufgegeben wird.

Diese Tätergruppe wird von Moffitt als Jugendzeittäter (= Entwicklungstäter) bezeichnet. Die Delikte der beiden Gruppen unterscheiden sich nicht. Auch diese Täter begehen schwere Straftaten. Wenn sie aber 25 Jahre alt sind, haben ¾ ihre strafbaren Handlungen eingestellt. Ein weiteres Kennzeichen dieser Täter ist, dass das dissoziale Verhalten zeitlich inkonsistent und situationsabhängig ist; in einigen Deliktsbereichen sind sie aktiv, in anderen befolgen sie die Normen.

Sie gehen auch einer geregelten Arbeit nach und begehen die Straftaten in der Freizeit. Sie verfügen also über ein größeres Verhaltensspektrum (d.h. sie verfügen über mehr Kompetenzen) als die persistenten Täter.

Für die Entwicklungstäter ist die traditionelle Verurteilungspraxis grundsätzlich angemessen. Allerdings ist eine sich über Jahre hinstreckende langsame Strafeskalation (z.B. Einstellung, Einstellung, ambulante Maßnahmen (1, 2, 3…) sowie mehrmalige Verurteilungen Jugendarresrt (1, 2, 3…) unsinnig und führt nur zu Gewöhnungseffekten, leider ist dies aber Praxis. Diese kann auch nicht mit Präventionsabsichten gerechtfertigt werden, sie bewirkt eher das Gegenteil von Prävention.

Nach Farrington resultiert dissoziales Verhalten oft aus der Interaktion von vulnerablen Personen mit ihrer sozialen und physischen Umwelt. Das persistente dissoziale Verhalten äußert sich in verschiedenem Alter unterschiedlich: Im Kindesalter zeigen sich Schwierigkeiten in der Erziehung und im Leistungsbereich; die Jugendlichen begehen Diebstähle und die Erwachsenen Gewalttaten.

Die Straftaten nehmen also in ihrer Sozialschädlichkeit und Schwere zu und bleiben auch während des Erwachsenenalters erhalten.

Nach Farrington sagen folgende Variablen im Alter von 8-10 Jahren späteres dissoziales Verhalten voraus: Hyperaktivität, Impulsivität, Aufmerksamkeits- und Konzentrationsstörungen, Rastlosigkeit und Risikobereitschaft sowie niedrige kognitive Leistungsfähigkeit, sowie als Folge schlechte Schulleistungen.

Als ungünstige familiäre Merkmale gelten: Kriminalität in der Familie, Familienarmut, viele und ältere delinquente Geschwister und ungünstige Wohnverhältnisse; dazu kommen funktionale Störungen in der Familie (elterlicher Konflikt und Fehlverhaltensweisen der Eltern in der Erziehung: schlechte Beaufsichtigung durch die Eltern und schlechtes Familienklima durch harte und inkonsequente Erziehungspraktiken). (4)

In der neueren Entwicklungspsychopathologie wird die Entstehung dissozialen Verhaltens in einem Kontext aus Risiko- und Schutzfaktoren gesehen, die Vulne-rabilität bzw. Resilienz zur Folge haben. Die Forschungen der Entwicklungspsychopathologie über Risiko- und Schutzfaktoren, Vulnerabilität und Resilienz geben wichtige Hinweise für das spätere Verhalten.

Farrington hat 7 Risikofaktoren ermittelt, die spätere Delinquenz vorhersagen; wenn Kinder im Alter von 8-10 Jahren mindestens 4 solcher Merkmale aufwiesen, waren ca. 5% für über die Hälfte aller späteren Delikte verantwortlich: niedriger sozio-ökonomischer Status, verurteilte Eltern, niedrige Intelligenz, geringe elterliche Erziehungskompetenz, Problemverhalten der Kinder (durch Lehrer und Peers beurteilt), Störungen des Sozialverhaltens (durch Lehrer und Eltern eingeschätzt) und Acting-Out-Verhalten.

Aus der bekannten Isle of Wight Studie von Rutter ergeben sich 6 Familienvariablen, die psychiatrische Störungen der Kinder vorhersagen. Zeigt ein Kind nur einen Risikofaktor, dann ist die Wahrscheinlichkeit für spätere Störungen nicht höher als bei solchen ohne einen einzigen Faktor. Dagegen hatten Kinder, die zwei solcher Faktoren aufweisen, schon ein vierfach höheres Risiko.

Mit steigender Anzahl der folgenden genannten Stressoren, steigt das Risiko kumulativ an! Die Faktoren sind: elterliche Uneinigkeit, niedriger sozio-ökonomischer Status, viele Kinder in der Familie, Kriminalität des Vaters, psychiatrische Störungen der Mutter und Interventionen des Jugendamtes. (5)

Wichtiger als die zeitweise Trennung von Mutter oder Vater (strukturelle Familienstörung) sind die erwähnten funktionalen Störungen in den Familienbeziehungen zu sein. Auch Familiengewalt wird mit späterer Straffälligkeit verbunden.

In einer dem Gericht vorzulegenden Anamnese sollten Risiko- und Schutzfaktoren benannt und auf dieser Grundlage eine prognostische Einschätzung des künftigen Legelverhaltens durch die Jugendgerichtshilfe vorgenommen werden.

Die empirischen Längsschnittstudien haben klar gezeigt, dass aggressives und antisoziales Verhalten in der Kindheit zeitlich sehr stabil ist und späteres kriminelles Verhalten im Erwachsenenalter und andere Probleme (z.B. Alkoholismus) nach sich zieht und zu einer Diagnose einer „Antisozialen Persönlichkeit" (siehe unten) und anderen psychiatrischen Diagnosen führen kann. Probleme bei Beziehungen und am Arbeitsplatz sind ebenfalls damit verbunden. Ein Kennzeichen von frühem antisozialen Verhalten ist, dass es sich nicht auf eine umschriebene Verhaltensweise beschränkt, sondern sich in vielfältigen Symptomen äußern kann.

Nach Wilson & Herrnstein besteht auch eindeutig ein Zusammenhang zwischen Kriminalität und niedriger Intelligenz.

Die Leistungsrückstände in den Bereichen Schreiben/Lesen und Sprechen sind besonders deutlich bei Jugendlichen mit aggressivem Verhalten. Gerade Kinder, die früh Verhaltensauffälligkeiten wie Aggressivität, Hyperaktivität und Impulsivität aufweisen, haben in der Folge besondere schulische Probleme wie Lese- und Rechtschreibstörungen. (6)

Einige Autoren sehen einen niedrigen IQ selbst als Risikofaktor für die Entwicklung.. (7)

Kontrolliert man Schicht und ethnische Zugehörigkeit, dann weisen Jugendliche mit nur einer Verurteilung keinen niedrigeren IQ auf als Nichtverurteilte. Je mehr die Verurteilungsrate ansteigt, umso niedriger sind auch die kognitiven Leistungen. Eine durchschnittliche Intelligenz wirkt als protektiver Faktor bei durch soziale Probleme belasteten Jugendlichen.

In verschiedenen Studien fand man heraus, dass niedrige nonverbale und verbale Intelligenz auch mit Schulschwänzen korreliert sind. Alle drei Kriterien konnten die Verurteilungen von Jungen vorhersagen.

Hatten die Jungen eine niedrige nonverbale Intelligenz (I.Q. unter 89), dann wurden sie schon im Alter von 10-13 Jahren verurteilt und fielen durch Rückfälligkeit auf. Diese Zusammenhänge gelten auch für selbstberichtete Delinquenz, unabhängig vom Familieneinkommen und Familiengröße.

Donnellan et al. haben die Intelligenzleistungen der zwei Täterkategorien nach Moffitt miteinander verglichen und die These von Moffitt bestätigt, dass zwischen denjenigen, die nur während ihrer Jugendzeit Straftaten begehen und solchen, die lebenslang auffällig sind, Unterschiede in der kognitiven Leistungsfähigkeit bestehen.

Wie differenziert der Zusammenhang von kognitiver Leistungsfähigkeit und Delinquenz ist, zeigt das Gutachten von 1977 über den Arrest. Erst wenn die delinquente Belastung deutlicher ist, lassen sich signifikante Unterschiede im „Reasoning Faktor" des Leistungsprüfssystems (LPS) nachweisen.

Die Schulleistungen sollten im Gerichtsverfahren eine höhere Bedeutung als bisher erhalten und bei den Maßnahmen eine herausragende Rolle spielen. Deshalb erscheint es sinnvoll, die kognitiven Leistungen zu erfassen.

Die Forschung (8) hat auch Zusammenhänge zwischen Delinquenz und anderen neuropsychischen Störungen gefunden, z.b. visuell-motorische Störungen und geringe Gedächtnisleistungen.

Moffitt referiert die empirischen und theoretischen Erkenntnisse und kommt zu der Auffassung, dass „die Verbindung zwischen neuropsychologischen Störungen und antisozialem Verhalten einer der am besten nachgewiesenen Effekte der Forschung über antisoziales Verhalten ist". (9)

Lewis & Balla geben ebenfalls einen Einblick in dieses Teilgebiet. Sie sind der Ansicht, diese Störungen würden die Kinder an einer erfolgreichen Bewältigung ihrer Stresserlebnisse hindern. Sie fanden bei 285 untersuchten Kindern unterschiedliche Arten zentraler Störungen, die zu antisozialem Verhalten führten, z.b. Noxen, verursacht von Schlägen durch den Vater.

Die Autoren sind der Ansicht, dissoziales Verhalten werde oft nur vordergründig durch Interaktion erklärt und deshalb unterbleibe eine gründliche neuropsychiatrische Diagnose. (10)

Bei Angeklagten, die eine geringe schulische Leistungsfähigkeit und Störverhalten in der Schule aufweisen, sollte eine fachärztliche Untersuchung erfolgen.

Es lassen sich zwei Arten neuropsychologischer Störungen feststellen: Störungen „verbaler" und „ausführender" Funktionen. Die verbalen Fähigkeiten sind dadurch reduziert, dass die Kinder nicht zuhören, nicht lesen, keine Probleme lösen, sich nicht richtig ausdrücken können. Unter die ausführenden Funktionsstörungen fallen u.a. Aufmerksamkeitsstörungen. Diese Probleme sind nicht auf sozio-ökonomische oder motivationale Faktoren zurückzuführen und sie sind unabhängig davon, ob das dissoziale Verhalten entdeckt wird oder nicht. Die Folge solcher Störungen ist in Studien nachgewiesenes aggressives antisoziales Verhalten. (11)

Die sozialen Probleme dieser Kinder zeigen sich auch darin, dass sie durch Gleichaltrige zurückgewiesen werden. Geringe soziale Kompetenzen sind letztlich das Ergebnis. Untersucht man das Freizeitverhalten delinquenter Jugendlicher, dann zeigt sich als Folge die geringe Integration dieser Gruppe in Vereine.

Nach einem interaktionalen Entwicklungsmodell „führen antisoziale Verhaltensweisen und darauf bezogene Etikettierungen des Umfeldes zur Erhöhung der Wahrscheinlichkeit von Assoziationen mit Gleichaltrigen, die sich abweichend verhalten...Die Zugehörigkeit zu solchen Gruppen fördert und stabilisiert im weiteren Fortgang die Aufrechterhaltung delinquenter Einstellungen und Verhaltensweisen." (12)

Durch Verurteilungen werden die Chancen zu einem angepassten Lebensstil immer geringer. Damit schließt sich gleichsam ein „Fenster" zum normalen Einstieg in ein gesellschaftlich akzeptiertes Leben.

Mit etwa 18 Jahren sind dann die Verhaltensweisen so stabilisiert, dass auch intensivere Behandlungsversuche immer weniger Erfolg zeigen. (13)

Geht man davon aus, dass Schulschwierigkeiten und Delinquenz beide auf Persönlichkeits- und familiäre Probleme zurückzuführen sind, dann kann die Schule wenig an der kriminellen Karriere ändern. Geht man aber davon aus, dass die Schule eine intervenierende Variable zwischen Persönlichkeit/Familie und dissozialem Verhalten darstellt, dann kommt dem schulischen Geschehen präventive Bedeutung zu. (14)

Wilson & Herrnstein machen drei Bereiche von Persönlichkeitszügen für den Misserfolg in der Schule verantwortlich, wenn man dem ersten Modell folgt:

(1) Intelligenzleistungen (verbale Leistungen) führen zu schlechteren Schulleistungen und zu Schulversagen, damit zum vorzeitigen Verlassen der Schule. Die geringen Intelligenzleistungen können auch dafür verantwortlich sein, dass diese Kinder die Konsequenzen von Handlungen nicht verstehen, insbesondere solche, die in die Zukunft reichen.

(2) Kinder, die extravertiert sind, können in der Schule nicht still und aufmerksam sein und finden die Schule langweilig. Impulsive und aggressive Kinder müssen keine geringe Intelligenz aufweisen, sie haben aber Anpassungsprobleme.

(3) Kinder, die von den Eltern für ihr Verhalten nicht angemessen belohnt oder bestraft werden, können auch zwischen schulischem Verhalten und dessen Konsequenzen keinen Zusammenhang erkennen, besonders nicht die Konsequenzen für die eigene Person. (15)

Die Frage, ob bestimmte Schulen einen positiven oder negativen Effekt auf das dissoziale Verhalten zeigen (Schule als intervenierende Variable), ist von Rutter in London untersucht worden. Auch in dieser Studie war Delinquenz mit geringer verbaler Intelligenz korreliert. Allerdings zeigte die Art der Schule ebenfalls einen Effekt, wenn man Schüler mit gleicher Intelligenzhöhe und sozioökonomischem Status verglich. Die Art der Schule hatte einen Effekt auf den Umfang der Delinquenz. Es gibt also „gute" und „schlechte" Schulen, die den Zusammenhang zwischen Intelligenz und Delinquenz moderieren.

Die Schulen, die das erwartete Ausmaß der Delinquenz reduzierten, waren auch diejenigen, welche die erzieherische Situation verbesserten, indem sie die Anwesenheitsquote hoch hielten und Verhaltensstörungen in der Schule reduzierten. Dabei waren die physischen und administrativen Voraussetzungen der Schulen ähnlich.

Die Ergebnisse der Arbeit von Rutter haben sich in weiteren empirischen Studien wiederholen lassen. Dabei kommt zu einem fairen und bestimmtem Stil der Schule noch die Einbeziehung der Eltern („parent involvement") und eine strikte Führung durch den Rektor. Das Kollegium muss motiviert sein, ein klares Programm gemeinsam auszuarbeiten. (16)

Nach Wilson & Herrnstein kommt fast jede Studie zu dem Ergebnis, dass Schwierigkeiten von Kindern in der Schule (geringe Leistungen, schlechtes Betragen) zu Delinquenz und später zu Kriminalität führen. (17)

Das unangepasste und aggressive kindliche Verhalten ruft also zwei Arten von Reaktionen hervor: eine ist die Zurückweisung durch die soziale Umwelt der Gleichaltrigen, die andere ist schulischer Misserfolg.

Das aufsässige Verhalten der Kinder verhindert also ihren Lernerfolg. Sie sind unaufmerksam und unruhig, d.h. sie bleiben nicht ruhig sitzen und beantworten die Fragen der Lehrer nicht. Sie fertigen auch ihre Hausaufgaben nicht vollständig an.

Die Zurückweisung durch die Peers führt, wie erwähnt, dazu, dass sich diese Kinder delinquenten Subgruppen anschließen; diese wiederum sind die „Trainingsgruppen" für dissoziales Verhalten, was ebenfalls in einer Anzahl von Studien nachgewiesen worden ist. Antisoziale Verhaltensweisen werden durch die delinquente Gruppe verstärkt. (18)

Bei Straftaten, die durch Gruppen ausgeführt wurden (Gewaltstraftaten), ist es erforderlich, die Maßnahmen so zu gestalten, dass die Gruppe durch das Verfahren nicht gestärkt wird. Die Täter sollten deshalb individuell unterschiedlich bestraft werden. Auf den Arrest bezogen bedeutet das, dass möglichst nur ein Täter zu Arrest verurteilt wird und nicht in der Anstalt auf Mittäter trifft.

Die negative Entwicklungsspirale setzt sich dann weiter fort. Die Jungen, die mit ihrem dissozialen Verhalten schon im Alter von 10-12 Jahren auffallen (= persistente Täter), werden später doppelt so oft verurteilt wie diejenigen, die später auffallen (= Entwicklungstäter).

Der Grund für die Kontinuität des dissozialen Verhaltens bei den „Frühstartern" kann darin gesehen werden, dass ihr Verhalten permanent intermittierend (die Reaktion der Umwelt erfolgt diskontinuierlich) verstärkt wird.

Die Hälfte der antisozialen Kinder fällt auch als Jugendliche und Heranwachsende auf, von dieser setzt wiederum etwa die Hälfte bis ¾ ihr kriminelles Verhalten als Erwachsene fort. (19)

Die Diagnose eines persistenten Täters kann durch eine sorgfältige biographische Analyse erbracht werden.

Deprivations- und Bindungsaspekte spielen ebenfalls eine zentrale Rolle bei der Entstehung dissozialen Verhaltens.

Eggers et al. verweisen darauf, dass die sozialen Interaktionen mit den primären Bezugspersonen schon sofort nach der Geburt eine wichtige Bedeutung für die weitere Entwicklung besitzen. Besonders die Ablehnung des Kindes durch die Mutter zählt zu den Risikofaktoren und führt zu Deprivation.

Die Autoren verweisen auch darauf, dass „ein Teil der Kinder alleinstehender oder berufstätiger Mütter, die zunächst bei Großmüttern oder in Kinderkrippen, dann in Tageskindergärten und später in Ganztagsschulen untergebracht wurden... vermehrt Deprivationssyndrome" zeigen. (20)

Die Entwicklungspsychopathologie hat sich in den vergangenen Jahren mit der Bedeutung der Bindungen für Prävention befasst. Bindung wird dabei als ein transaktionaler Prozess aufgefasst. In diesem entstehen Modelle über die Welt und das Ich.

Die frühen Erfahrungen des Kindes mit der Betreuungs- und Bezugsperson sind dabei zentral für die Entwicklung dieser Modelle, die als kognitive Schemata implementiert werden, z.B. „wenn ich mich verletze, dann hilft mir meine Mutter".

Solche Schemata werden dann generalisiert: „Meine Mutter ist immer da, wenn ich sie brauche" oder „ich werde geliebt und bin liebenswert". (21)

In einer Studie wurde 1990 gezeigt, dass 84% der Kinder mit oppositionellem trotzigen Verhalten unsicher an ihre Mütter gebunden waren im Vergleich mit 28% der Kontrollgruppe. Von den Jungen waren sogar 95% unsicher gebunden im Vergleich zu 23% in der Vergleichsgruppe. Andere Studien haben zu vergleichbaren Ergebnissen geführt. (22)

Die Unterschiede im Verhalten von sicher gebundenen Kindern zu anderen zeigen auch, dass bei schwierigen Aufgaben die unsicher gebundenen Kinder mit Ärger und oppositionellem Verhalten reagierten sowie Stresssymptome aufweisen.

Die unsicher gebundenen Kinder zeigen schon im Vorschulalter Symptome wie geringe Frustrationstoleranz, manipulatives und feindseliges Verhalten, sowie die Unfähigkeit mit anderen Kindern zu kooperieren. (23)

In einer Längsschnittstudie wurden in England 6000 Kinder untersucht. Analysiert man in dieser Studie den Zusammenhang zwischen der Anzahl der Symptome und der späteren Delinquenz bzw. der Klinikaufenthalte, so ergibt sich folgerndes: je mehr Symptome, umso größer das Risiko! Dabei konnte man die Symptome, die einen Klinikaufenthalt vorhersagen von denen trennen, die Delinquenz vorhersagen.

Die späteren Delinquenten wurden von ihren Eltern als „ruhelos" beschrieben. Es gab nur ein Symptom, das für beide Gruppen gemeinsam war: beide hatten Probleme beim Lesenlernen. (24)

Der wichtigste Prädiktor von feindseligem Verhalten gegenüber Peers war der Typus der desorganisierten-desorientierten Bindung. In einer Studie zeigten 71% von feindseligen Vorschulkindern den genannten Bindungstyp; nur 12% der Kinder mit feindseligen Verhalten waren dagegen sicher gebunden. (25)

Einer Meta-Analyse kann man entnehmen, dass Mütter in Risiko- und klinischen Populationen eine bedeutendere Rolle für die Mutter-Kind-Bindungen spielen als Faktoren, die im Kind liegen. (26)

Eine psychopathologische und dissoziale Entwicklung wird oft durch das Fehlverhalten der Mutter initiiert. (27)

Eine extreme Situation in der Familie stellt die Kindesmisshandlung dar. Nach Schätzungen werden viermal so viel misshandelte Kinder delinquent als nicht misshandelte. (28)

Die Ergebnisse entwicklungspsychologischer Forschung verdeutlichen, dass dissoziales Verhalten seine Ursachen in der biologischen Ausstattung und in der familiären-erzieherischen Situation hat. Da die Fehlentwicklungen oft sehr frühzeitig beginnen, sind oberflächliche präventive Maßnahmen, die nur eine kurze Intervention ermöglichen, wenig erfolgversprechend.

2.2. Die stresstheoretische Perspektive

Die oben erwähnten Risiko- und Schutzfaktoren, die in der Entwicklung schon eine bedeutsame Rolle spielen, bilden das Fundament für die Reaktionen einer Person auf Anforderungen und Belastungen aus der Umwelt.

Die sozioökonomischen Belastungen sind oft mit familienpsychologischen Stressoren verbunden, wie die Familienstresstheorie zeigt. (29)

Als Stressoren, die auf die Familie einwirken, werden Arbeitslosigkeit, Gewalt, elterlicher Streit und Scheidung angesehen. Als Mediator dieser Stressoren, der für dissoziales Verhalten verantwortlich ist, wird das Erziehungsverhalten der Eltern ausgemacht.

Wenn die Stressoren auf Eltern einwirken, die selbst schon problematisches Verhalten aufweisen bzw. über geringe personale Ressourcen verfügen, kommt es zu einer Ausweitung der Wirkungen. (30)

Die Ursachen des antisozialen Verhaltens bei Kindern und Jugendlichen liegen also neben anderen Faktoren (z.b. neurophysiologische Störungen Jugendsubkulturen, räumliche ethnische Segregation, Armut) besonders in der Familie. Dies betrifft insbesondere Belastungsstörungen in der frühen Kindheit als Folge von Interaktionsstörungen zwischen Mutter und Kind. Die früheren psychoanalytischen Forschungsergebnisse sind auch durch die neuesten empirischen Untersuchungen bestätigt worden.

Aus der genannten Untersuchung von Rutter et al. in England kann abgeleitet werden, dass die Belastung oder der Stress im innerstädtischen Leben auf Arbeiter stärker als im ländlichen Raum ist.

Diese Untersuchung (Vergleich London mit der Isle of Wight) lässt erkennen, dass die Belastung der Familien der Faktor ist, der zwischen den sonst sozioökonomisch gleichen Gruppen diskriminiert. Die Verhaltensstörungen der 10-jährigen waren in London doppelt so häufig wie auf der Isle of Wight.

Aus Studien wird auch ein Zusammenhang zwischen physischer Misshandlung und aggressivem sowie gewalttätigem Verhalten Jugendlicher abgeleitet.

Innerhalb der wegen Gewaltdelikten Verurteilten dominieren diejenigen, die selbst Gewalt in ihrer Kindheit und Jugend durch ihre Eltern erfahren haben. Eine Folge davon ist die erwähnte intergenerative Übertragung von Gewalt: 30% derjenigen mit Gewalterfahrungen misshandeln wiederum ihre Kinder.

Die Kindesmisshandlung wird im Kontext von Entwicklungspsychopathologie nicht als separater Faktor begriffen, sondern sie muss in einem umfassenderen Ansatz von protektiven Faktoren und Risikofaktoren gesehen werden, die auf verschiedenen ökopsychologischen Systemebenen wie z.B. der Familie wirksam werden. Einer dieser Risikofaktoren ist die chronische Armut.

Unter Kindesmisshandlung versteht man eine Reihe von Verhaltensweisen: physischer und sexueller Missbrauch, physische und emotionale Vernachlässigung. Etwa 2/3 der misshandelten Kinder weisen unsichere Bindungen auf, besonders den Typ der „desorganisierten Bindung". Wie sehr diese Misshandlungen zu einer „sozialen Vererbung" führen, geben die folgenden Hinweise: Misshandelnde Mütter besitzen kognitive Repräsentationsmodelle von Macht, Dominanz, Konflikt und Zurückweisung. Da sie selbst Opfer von Härte und Bestrafung sind, meinen sie, Kinder müssten ebenso erzogen werden.

Bei Jugendlichen, die misshandelt wurden und eine entsprechende Bindung aufweisen, sollte der Versuch einer die Maßnahme begleitenden oder mit ihr gekoppelten Therapie unternommen werden, wenn keine anderen Gründe dagegen stehen.

Die physische Misshandlung verhindert eine vertrauensvolle Bindung zwischen Mutter und Kind und diese misshandelten Kinder zeigen später schon in Spielsituationen und Tests eher aggressives Verhalten. Die Zurückweisung des Kindes durch die Eltern, die in jeder physischen Misshandlung enthalten ist, kann als inadäquate Stimulierung im entwicklungspsychologischen Sinn gewertet werden. Die physische Misshandlung findet häufiger unter ungünstigen sozioökonomischen Bedingungen statt und die Misshandlung ist auch dort schwerer. Physische Misshandlung ist damit eher ein Armutsphänomen.

Nach der Familientresstheorie dürften aber nur solche Familien aus der Unterschicht zur Misshandlungen neigen, deren interne Familienstruktur gestört ist bzw. die aus Elternteilen bestehen, deren individuelle Voraussetzungen eine Familienkohäsion verhindern. Auch unter widrigen ökonomischen Voraussetzungen ist die Familienkohäsion der wichtigste Faktor im Sinne einer sozialen Unterstützung, der einen Puffer gegen Stress bildet.

In einer vergleichenden Studie von 2000 Familien fand man, dass „elterliche Kälte" verantwortlich für das Auftreten von Delinquenz bei den Kindern war. Die Autoren der Studie gingen davon aus, dass bei Familien (gerade auch bei Einelternfamilien), die unter ökonomischen Stressbedingungen leben, die „Kälte" besonders wirksam wird. (31)

Werner und Smith haben seit 1955 Hunderte von Kindern auf Hawaii - die meisten aus sozioökonomisch ungünstigen Verhältnissen - hinsichtlich ihrer Resilienz gegen abweichendes Verhalten untersucht. Es wurden eine Reihe von Stressoren einbezogen, z.b. Armut, Geburtsprobleme, elterliche Uneinigkeit. Die meisten Kinder, die im Alter von 2 Jahren wenigstens vier solcher Stressereignisse erfahren hatten, entwickelten schwerwiegende Lern- oder Verhaltensprobleme, eingeschlossen delinquentes Verhaltens im Alter bis zu 18 Jahren.

Diejenigen Jungen, die trotz dieser Stressoren kein auffälliges Verhalten zeigten, wiesen einige Merkmale auf, die anscheinend die Resilienz bewirkten: es waren Erstgeborene, sie wurden von der Mutter als aktiv und fröhlich beschrieben, hatten wenig gesundheitliche Probleme in den ersten Jahren, wuchsen in einer Familie von bis zu vier Kindern auf und entwickelten eine sichere Bindung zur Mutter in den ersten beiden Lebensjahren und sie besaßen einen hohen I.Q. Das wichtigste Merkmal aus der Sicht des Verfassers, das im Einklang mit weiterer Studien steht und einen präventiven Aspekt beinhaltet, ist dabei eine responsive primäre Bezugsperson.

Im Gegensatz zu den resilienten Kindern finden sich die vulnerablen, d.h. für Störungen anfälligen Kinder, wie sie oben schon beschrieben wurden, überproportional in schon belasteten oder sogar kriminogenen Familien. Die Familienmitglieder haben selbst massive Probleme, sind z.B. drogenabhängig, und verfügen oft nicht über die psychologischen Ressourcen, auf die mit neuropsychischen Problemen belasteten „schwierigen" Kinder richtig zu reagieren. Die Eltern verfügen z.B. auch oft nicht über die notwendigen Fähigkeiten, um professionelle Hilfen für ihr Kind anzufordern. Die Kinder wachsen also in einer oft stressbelasteten, funktional gestörten Familie auf, so dass es letztlich keine wesentliche Rolle spielt, ob ihre Vulnerabilitäten vererbt oder prä-, peri- oder postnatal erworben worden sind. Die Umwelt (Schule Jugendbehörden und Jugendstrafrechtspflege) reagiert nicht adäquat auf ihre Probleme. (32)

Die später persistent dissozialen Eigentumstäter können wie folgt gekennzeichnet werden: Sie stammen oft von Eltern mit niedrigem Einkommen ab, wachsen in einer Familie mit vielen Kindern auf, haben kriminelle Eltern, die Eltern üben eine geringe Aufsicht aus, in ihrer Erziehung sind sie hart oder inkonsequent. Das elterliche erzieherische Fehlverhalten (geringe elterliche Aufsicht und schlechte Erziehungspraktiken). kann spätere Delinquenz vorhersagen. Diese Faktoren sagen die Delinquenz unabhängig vom Einkommen der Eltern und von der Intelligenz der Kinder voraus. Das dissoziale Verhalten der Eigentumstäter wechselt, denn es werden nicht nur Eigentumsdelikte begangen, sondern auch Gewaltdelikte und Sachbeschädigungen. Im Sozialverhalten fallen sie auf durch häufiges Trinken, rücksichtsloses Verhalten im Straßenverkehr und sexuelle Promiskuität. (33)

Nicht lösbare oder nicht gelöste Konflikte sind der zentrale Punkt der Stresstheorie. Sie sind auch Ausgangspunkt von psychischen Krisen. Mit der Problematik eng verbunden sind Fragen der psychosozialen Kompetenz. Dabei spielt auch die soziale Unterstützung eine Rolle.

„Soziale Unterstützung" sollte eine herausgehobene Rolle bei den gerichtlich verhängten Maßnahmen spielen. Das Jugendamt kann hier geeignete Ansätze liefern, die auch als Weisungen realisiert werden könnten.

Man kann sagen, dass die Personen, die Konflikte lösen können, d.h. über die entsprechenden psychosozialen Kompetenzen verfügen, weniger in Krisen geraten und weniger Stresseffekte zeigen, d.h. „resilient" sind. Unter „Konflikt" versteht man eine Schwierigkeit, die subjektiv als Beeinträchtigung im emotionalen, kognitiven oder verhaltensmäßigen Bereich erfahren wird.

Menschen haben gelernt, in einer bestimmten Art und Weise auf Probleme und Konflikte zu reagieren. Sie reagieren auf Ereignisse mit den Schemata im Erleben und Verhalten, die ihnen bisher eine Lösung von Problemen ermöglicht haben. Aus diesen positiven Erfahrungen heraus, versuchen sie immer zuerst mit solchen Verhaltensweisen zu reagieren, die ihnen vertraut sind. Diese Verhaltensmuster können aber einer neuen Situation nicht immer angemessen sein. Deshalb kommt es entscheidend darauf an, die alten Muster notfalls zu ändern oder neue zu erwerben, wenn sie erfolglos bleiben.

In Konflikten besteht oft ein Zeit- und Handlungsdruck. Bei vielen Menschen ist deshalb das Erlebens- und Verhaltensspektrum kognitiv und emotional eingeschränkt. Die Folge kann eine verzerrte Wahrnehmung sein. Eine einseitige Ursachenzuschreibung ist oft die Folge. Viele Menschen sehen nur noch ihre eigene Position, ihre eigene Betroffenheit und Verletzung.

Diese Ausführungen gelten besonders auch für straffällige Jugendliche und Heranwachsende. In einem möglichen Training der Problem- und Konfliktlösungsfähigkeiten sind die folgenden Ziele, nach Becker, von Bedeutung:

1. Konflikte wahrnehmen bzw. erkennen.
2. Konflikte einschätzen bzw. einordnen lernen.
3. Handlungsspielraum erhalten oder vergrößern.
4. Perspektivwechsel anstreben.
5. Kreative Lösungen erarbeiten.
6. Lösungen überprüfen.

2.3. Die lerntheoretische Perspektive

Man geht davon aus, dass dissoziales Verhalten, wie alles andere Verhalten auch, erlernt wird und damit auch wieder verlernt werden kann. Durch „Operantes Konditionieren" lernt man meistens, bereits gezeigtes Verhalten öfter oder weniger oft anzuwenden. Neues Verhalten wird in erster Hinsicht durch das „Lernen am Modell" erlernt.

Vom Gericht verhängte Maßnahmen sollten so konzipiert sein, dass geeignete Modelle einbezogen sind, z.b. Gruppenleiter oder Trainer. Dazu eignen sich prinzipiell auch Mitarbeiter des Allgemeinen Vollzugsdienstes.

Aus lerntheoretischer Sicht wäre Bestrafung prinzipiell sinnvoll, doch müsste sie schon beim ersten Verstoß wirksam werden, was aber meistens nicht möglich ist, weil die Tat oft im Dunkelfeld erfolgt, d.h. nicht aufgedeckt wird. Weiterhin müsste sie praktisch nach jedem Delikt sofort, d.h. nach maximal 0.5 Sekunden, folgen. Diese Voraussetzungen sind aber in der Praxis nicht gegeben.

Grundlage der hier exemplarisch dargelegten Ansätze ist die Theorie der „Differentiellen Assoziation". Unter Assoziationen sind Lernerfahrungen zu verstehen. Die Theorie stellt auf den Prozess ab, in dem eine Person delinquent wird. Nach ihr sind folgende Annahmen zu erfüllen, um den Erwerb des entsprechenden Verhaltens in Gang zu setzen:

(1) Kriminelles Verhalten ist gelernt. (2) Das Lernen erfolgt durch den Kontakt mit anderen Menschen. (3) Der Prozess des Lernens von kriminellem Verhalten unterscheidet sich nicht von den allgemeinen Lernprozessen. (4) Gelernt wird die Methode, um ein Ziel zu erreichen. (5) Der wesentliche Teil des Lernens geschieht in kleinen Gruppen. (6) Das Lernen umfasst besondere Techniken, um spezifische Delikte begehen zu können. (7) Es umschließt spezifische Einstellungen und Motive, die auf Kriminalität gerichtet sind. (8) Eine Person wird dann kriminell, wenn sie der Ansicht ist, es wäre vorteilhafter für sie, wenn sie das Gesetz bricht als wenn sie es beachtet.

Die Voraussetzungen für den Erwerb dissozialen Verhaltens sollen durch die Maßnahmen durchbrochen werden. Am wichtigsten ist, dem schon gelernten Verhalten soziales Verhalten entgegenzusetzen und delinquente Subkulturen zu zerschlagen. Ein erster Schritt während des Arrests besteht in der Änderungen der Einstellungen und Motive.

Beim erwähnten „Operanten Lernen" besteht die Ansicht, dass Verhalten durch die Antworten der Umwelt bestimmt werden. Verhalten, das erwünschte Folgen hat, wird in seiner Häufigkeit zunehmen, d.h. das Verhalten wird verstärkt. Umgekehrt wird Verhalten abnehmen, das unerwünschte Folgen hat bzw. bestraft wird.

Wenn man aber kriminelles Verhalten verstehen will, ist es notwendig, die Folgen einer delinquenten Handlung zu betrachten. Beim Stehlen zeigt sich z.B. klar ein materieller Vorteil, d.h. materieller Erfolg verstärkt positiv das Stehlen. So kommt es dazu, dass eine Balance von Belohnung und Bestrafung entsteht, welche die Lerngeschichte einer Person bestimmt und damit auch das Vorhandensein oder die Abwesenheit von kriminellem Verhalten.

In verschiedenen Studien hat man sich mit lerntheoretischen Aspekten und der Frage von Bestrafung und Rückfall befasst. Insgesamt weisen die Ergebnisse empirischer Studien über die Wirkung offizieller Interventionen bei straffälligen Jugendlichen darauf hin, dass Bestrafungen wenig Sinn haben. Sie zeigen eher einen negativen als einen positiven Effekt auf das spätere Legalverhalten.

Strafrechtliche Sanktionen scheinen kriminelles Verhalten zu verstärken. Neben den Lernprozessen, die dafür verantwortlich sind, ob ein Jugendlicher registriert wird, sind es auch Selektionsprozesse.

Da nur ein Teil aller Straftaten sanktioniert wird, kann aufgrund der lerntheoretischen Annahmen erwartet werden, dass das Ausbleiben der Bestrafung verstärkend auf das Verhalten wirkt, während andererseits eine Bestrafung als negative Konsequenz die Bereitschaft für dieses Verhalten reduziert.

Die Wahrscheinlichkeit, für eine Straftat sanktioniert zu werden, ist eine Funktion der Effizienz der Verfolgungsorgane von Polizei und Justiz. Der Verlauf einer Karriere ist damit abhängig von der Strafverfolgung und deren Konsequenzen und der Wahrscheinlichkeit, mit der diese Konsequenzen eintreten.

Jugendliche, die schon oft straffällig in Erscheinung getreten sind, haben wahrscheinlich schon wesentlich mehr Delikte begangen, als bekannt geworden sind. In Kenntnis der lerntheoretischen Gesetzmäßigkeiten ist es deshalb sinnvoll, sie auch für bekannt gewordene geringere Delikte härter zu bestrafen. Es sind nicht nur die vorausgegangenen Urteile zu berücksichtigen, sondern davon auszugehen, dass die kriminelle Karriere nicht unterbrochen wurde. Inkonsequent erscheint deshalb die Praxis, nach einer Strafe, die zur Bewährung ausgesetzt wurde, lediglich einen „Warnschussarrest" oder überhaupt einen Arrest zu verhängen.

52

> Eine Verurteilung zu Arrest sollte prinzipiell vor einer Verurteilung zu einer Jugendstrafe erfolgen.

Analog zu einem Lernexperiment wird eine kriminelle Karriere als eine Folge von Reaktionen auf Reizsituationen aufgefasst. Die Reizsituationen sind dann die „Versuche", auf die mit einem Verhalten aus einer Menge von alternativen Reaktionen geantwortet wird.

Kraus hat in einer Studie Jugendliche unter der Annahme verschiedener lerntheoretischer Modelle auf ihre Karriere hin untersucht: Im Hellfeld konnte festgestellt werden, dass Strafen nicht verstärkend auf straffreies Verhalten wirken. Straffälliges Verhalten wird im Gegenteil durch strafrechtliche Konsequenzen verstärkt. Im Dunkelfeld konnte nachgewiesen werden, dass sich Delikte verstärkend auf das künftige dissoziale Verhalten auswirken.

Kombiniert man Hell- Dunkelfeld, dann lässt sich folgendes feststellen:

„Ausgedrückt in der Sprache instrumentellen Lernens, nimmt die Verstärkung kriminellen Verhaltens durch Dunkelfelddelikte kontinuierlich ab und zwar in dem Maße, wie die Wahrscheinlichkeit für registrierte Delikte steigt. Ab dem Zeitpunkt, bei dem kriminelles Verhalten mehr bestraft als verstärkt wird, lohnt sich straffälliges Verhalten nicht mehr und die Folge ist Deliktfreiheit." (34)

Strafrechtliche Sanktionen haben dann, nach Kraus, einen positiven Einfluss auf das Verhalten, sobald die aversive Wirkung von Strafen die verstärkende Wirkung unentdeckter Straftaten übersteigt.

Der Rückgang der Verstärkung straffälligen Verhaltens ist dabei auf eine Zunahme der Entdeckungswahrscheinlichkeit zurückzuführen.

In einer anderen empirischen Untersuchung interpretierte man die Urteile „Strafaussetzung zur Bewährung" und „Einstellung des Verfahrens lerntheoretisch als Verhaltensverstärkung straffälligen Verhaltens.

Die Hypothese, wonach umso mehr und schwerere Straftaten begangen werden, je häufiger auf eine Straftat mit einer Bewährungsstrafe oder einer Einstellung reagiert wird, konnte durch die Daten bestätigt werden.

> Mit anderen Worten: Die Konsequenzen auf strafbares Verhalten haben eine das Verhalten verstärkende Wirkung, wenn sie nicht als aversiv genug empfunden werden, was bei einer Strafe, die zur Bewährung ausgesetzt wurde, der Fall ist.

Auch die „Soziale Lerntheorie" spielt bei dissozialem Verhalten eine Rolle. Dabei können 3 Aspekte der Motivation von Verhalten unterschieden werden: externe Verstärkung, Selbstverstärkung und die Verstärkung durch die Beobachtung von Modellen, die belohnt oder bestraft werden.

Die soziale Lerntheorie geht davon aus, dass ein Modell ein kognitives Schema vermittelt. Die Beobachtung findet dabei in drei Kontexten statt: in der Familie, in der vorherrschenden Subkultur und durch kulturelle Symbole wie Fernsehen oder Bücher.

Da den Mitgliedern einer delinquenten Gruppe die unentdeckten Straftaten der anderen Gruppenmitglieder bekannt sind, ist es ein Fehler, nicht zu versuchen, alle begangenen Taten zu ermitteln und entsprechend zu bestrafen.

Im Kontext der Lerntheorie geht es auch um kriminelle Denkmuster. Verschiedene Autoren haben bis zu 52 solcher Denkmuster gefunden bei Kriminellen gefunden. Diese gelernten Muster können durch die nachfolgend skizzierten kognitiven Behandlungsmethoden in Frage gestellt werden.

Obwohl in den letzten Jahrzehnten Versuche unternommen worden sind, lerntheoretische Prinzipien im Rahmen der Verhaltenstherapie in Strafanstalten anzuwenden, sind diese therapeutischen Ansätze in Deutschland nur vereinzelt zu finden.

Bei den ambulanten Maßnahmen und dem Jugendarrest werden sie fast überhaupt nicht erprobt. Die Gründe liegen am Fehlen entsprechend ausgebildeten Personals und an organisatorischen Rahmenbedingungen.

In einer Jugendarrestanstalt wären zwar die organisatorischen Bedingungen im Ansatz gegeben, sind jedoch durch den Arrestzweck und die personellen Gegebenheiten wenig ausbaufähig. Die schon beklagte Randstellung dieser Maßnahme in der Jugendstrafrechtspflege mit den damit verbundenen Einschränkungen an Personal verhindert eine differenzierte Behandlung im Sinne einer Verhaltenstherapie.

Die Ausführungen geben einige Hinweise auf präventive Ansätze, die auch im Jugendstrafrecht genutzt werden können. Zentral sind dabei Trainingsmöglichkeiten, um die Problem- und Konfliktlösungsfähigkeiten zu verbessern.

Solche Trainings können sowohl in ambulanten Maßnahmen als auch im Jugendarrest durchgeführt werden.

2.4. Die Diagnose dissozialer Persönlichkeiten

Diagnose und Prognose sind miteinander eng verflochten. Jede Diagnose enthält indirekt oder direkt auch eine Prognose. Die oben aufgeführten theoretischen und empirischen Ansätze bzw. Forschungen zur Erklärung dissozialen Verhaltens bilden die diagnostischen und prognostischen Bezugspunkte.

Das generelle Problem besteht darin, dass die Kriminologie keine empirisch überprüften diagnostischen Verfahren entwickelt hat. Dies ist auch nur möglich, wenn man in differenzierten und langwierigen Prozeduren die entsprechenden diagnostischen Instrumente testet.

Ohne die Mitwirkung von Psychologen dürfte dies aber nicht gelingen. Da diese Mitwirkung aber bisher weitestgehend unterblieben ist, liegen auch keine Instrumente vor, die den theoretischen Anforderungen genügen.

In der Psychologie dissozialen Verhaltens bestehen verschiedene Klassifikationssysteme, die aber bis auf die weiter unten zu besprechenden Ausnahmen und die psychiatrischen Symptome keinen direkten Bezug zum dissozialen Verhalten aufweisen, wenn man über das Kindesalter hinausgeht. Die klinischen Syndrome, die schon erwähnt wurden, können aber als Indikatoren bzw. Vorläuferstadien nachfolgenden dissozialen Verhaltens gesehen werden. (35)

Ein einschlägiges Verhaltenssyndrom wird als „Hyperkinetisches Syndrom" oder Aufmerksamkeits-Defizit-Syndrom (ADS) bezeichnet. Es umfasst Unaufmerksamkeit, Impulsivität und hyperaktives Verhalten. Im Englischen wird es als HIA (hyperactivity-impulsivity-attention deficit problem) bezeichnet. (36)

Die Unaufmerksamkeit zeigt sich darin, dass die Kinder von Reizen sofort abgelenkt werden und von einer Aktivität zur anderen wechseln. Beispiele von Impulsivität liegen darin, dass die Kinder potentiell gefährliches Verhalten zeigen, eine Aufgabe nicht zu Ende bringen und nachlässig arbeiten.

Hyperaktives Verhalten zeigt sich darin, dass die Kinder nicht ruhig auf ihrem Stuhl sitzen bleiben können, dass sie eine allgemeine Unruhe aufweisen und „über Tische und Bänke springen".

Dieses hier als HIA genannte Syndrom überlappt sich mit solchem Verhalten, das als „conduct disorder" (CD) bezeichnet wird.

Nach DSM (IV) fallen unter dieses Syndrom z.B. folgende Verhaltensweisen, die ausführlich unter 2.1. aufgeführt sind:

Aggressives Verhalten gegen Menschen und Tiere (Drohungen gegen andere, Grausamkeit gegen Menschen und Tiere), Zerstörung von Eigentum anderer (z.B. durch Feuerlegen), Diebstahl und schwerwiegende Regelverletzungen (Weglaufen von zu Hause und Schulschwänzen).

Von Bedeutung sind die längerfristigen dissozialen Verhaltenskonsequenzen von ADS bzw. HIA

In prospektiven Längsschnittstudien weisen Kinder mit HIA-Verhalten später hohe Raten von antisozialem, delinquentem und kriminellem Verhalten auf. In einer Stockholmer Studie waren später ein Drittel der hyperaktiven Jungen mit dissozialem Verhalten offiziell registriert.

Die Auswertung der Cambridge Studie zeigte, dass alle Maße von HIA und CD im Alter von 8 bis 10 Jahren spätere Verurteilungen im Alter zwischen 10 und 16 Jahren signifikant voraussagten. Aber auch andere schon erwähnte Variablen wie: geringes Familieneinkommen, große Familie, Trennungen der Kinder von den Eltern (außer Tod oder Krankenhausaufenthalte), elterliches Erziehungsverhalten (Härte, wechselndes Disziplinierungsverhalten), mangelnde elterliche Aufsicht sowie niedrige nonverbale Intelligenz, konnten dissoziales Verhalten im Jugendalter vorhersagen. Die besten Einzelprädiktoren waren nach Lehrerbeurteilung „Frechheit" und „ungehöriges Verhalten". Im Vergleich der beiden Konstrukte war CD der bessere Vorhersagewert.

Während HIA eine frühe Verurteilung im Alter von 10 bis 13 Jahren besser vorhersagte, konnten Rückfällige besser von CD vorhergesagt werden.

Soziale Verhaltensstörungen (CD) sollten in einem Verfahren auf jeden Fall erfasst werden, um das spätere Legalverhalten einschätzen zu können und um angemessene Maßnahmen zu ergreifen. Zu kurze Arreste lassen sich unter diesem Aspekt vermeiden.

Das bedeutsamste Ergebnis dürfte aber sein, dass dauerhafte Straftäter (mit 6 und mehr Verurteilungen im Alter von 25 Jahren) unabhängig sowohl durch HIA- als auch durch CD-Verhalten vorherbestimmt werden konnten. Täter, die weder HIA noch CD Verhalten aufwiesen, werden mit großer Wahrscheinlichkeit nicht zu chronisch Kriminellen.

Wenn also in einer sorgfältigen Anamnese keine entsprechenden Verhaltensstörungen erfasst werden konnten, handelt es sich wahrscheinlich um einen nach der alten Terminologie „gutgearteten Täter", für den die Zuchtmittel (Verwarnung, Arrest oder Arbeitsauflagen) eigentlich gedacht sind.

Aus einer Studie (37) ist bekannt, dass die Hauptproblemgruppe (persistentes dissoziales Verhalten) aus Jungen besteht, die sowohl Aufmerksamkeitsdefizite und Hyperaktivität als auch frühe Störungen des Sozialverhaltens aufweisen.

Mit anderen Worten: Eine kriminelle Karriere lässt sich durch HIA- und CD-Verhalten schon während der Kindheit vorhersagen.

Die Rate von Jungen in der Grundschule mit Verhaltensstörungen als Vorläufer von dissozialem Verhalten wird, nach Studien aus verschiedenen Ländern, auf 4- 9% geschätzt; 6% der Jungen werden von der Polizei vor dem 10. Lebensjahr registriert und diese erste Festnahme ist der beste Indikator für lang dauernde Täterschaft mit vielen Rückfällen.

Die Aufgabe in einem Jugendgerichtsverfahren und einer dort getroffenen Maßnahme sollte auch sein, eine prognostische Vorhersage über das Täterverhalten zu treffen, um Rückfällen vorzubeugen bzw. sie vorherzusagen. Das gilt besonders für den gefährlichen Täterkreis, der hier besprochen wird.

Die antisoziale Persönlichkeitsstörung

Sie ist letztlich das Ergebnis der aufgezeigten Entwicklungs- und Belastungsstörungen (quasi das „Endstadium"), wobei aber die genauen Ursachen noch nicht abschließend erforscht sind. (38)

Man kann 4 Kriterien aufstellen, die eine Persönlichkeitsstörung definieren:

1. Das Verhalten ist über die Zeit stabil und wird im Allgemeinen in der Kindheit oder im Jugendalter erworben. 2. Das Verhalten ist in verschiedenen Situationen stabil. 3. Das Verhaltensmuster macht der Person keine Probleme. Lediglich die Konsequenzen der Umwelt auf das Verhalten verursachen bei der Person Probleme. 4. Es liegen Anpassungsstörungen oder -defizite in sozialen Fertigkeiten vor.

Die Quote der erwachsenen Männer mit der Diagnose einer schwer behandelbaren „antisozialen Persönlichkeitsstörung" wird auf 4-5% der Bevölkerung geschätzt.

Es gibt praktisch keine Erwachsenen mit dieser Diagnose, die nicht schon als Kind Verhaltensauffälligkeiten gezeigt haben.

Aggression und Gewalt als Antisoziale Persönlichkeitsstörung

Eine der meist untersuchten überdauernden Verhaltensstörungen von der Kindheit bis in das Erwachsenenalter ist die Aggressivität bzw. das Gewaltverhalten, das auch Ausdruck einer antisozialen Persönlichkeitsstörung sein kann. Man versteht unter Aggression schädigende Reize, die gegen einen Organismus gerichtet sind. Aggression dient auch der Unterscheidung von Selbst und Umwelt. Sie ist Teil der Selbstbehauptung, wenn sie nicht destruktiv ist.

Dabei lassen sich wenigstens zwei Subtypen aggressiven Verhaltens unterscheiden die auch hinter unterschiedlichen Delikten stehen, wie Persönlichkeitstests (z.B. FPI) ergeben haben (39):

(1) Das impulsiv-aggressive Verhalten als Stressreaktion ist eher mit folgenden Merkmalen verbunden: ungeplant, affektiv, eher reaktiv, oft mit negativen Konsequenzen für den Angreifer. Dieser Aggressionstyp ist oft bei dem Delikt der Körperverletzung zu beobachten.
(2) Das instrumentell-aggressive Verhalten mit den Merkmalen: kontrolliert und geplant, oft mit positiven Konsequenzen für den Angreifer verbunden. Dieses Verhalten ist mit Machtausübung korreliert und wird offensiv gestaltet. Delikte, die hier eine Rolle spielen, sind mit kontrollierender Gewalt verbunden: Raub und Vergewaltigung oder Geiselnahme. (40)

Ogloff & Douglas (1995) beziehen sich bei Merkmalen von Risiko- oder Gewalttätern auf eine Studie, in der zwei Cluster von Verhaltenszügen von Risikotätern herausgearbeitet worden sind. Das erste Cluster umfasst Strategien, die auf eine Erhöhung der Selbstwertschätzung hinauslaufen, was als Ausdruck reaktiver Aggressivität gewertet werden kann. Die zweite Gruppe von Verhaltenszügen ist Ausdruck von Egozentrizität und Manipulation von anderen (Instrumentelle Aggression), um eigene Bedürfnisse zu befriedigen.

Die Gruppe von Gewalttätern mit reaktiver Aggressivität besitzt ein geringes Selbstwertgefühl und setzt Gewalt ein, um das eigene Selbstbild zu verbessern („kompensatorische Gewalt"). Man kann dieses Verhalten auch als eine Art „Selbstverteidigung" des Ichs bezeichnen. Dazu gehört auch, das Verhalten anderer Personen als „bedrohlich" einzuschätzen. Solche Personen neigen dazu, in Situationen, die von ihnen nicht bewältigt werden können, zu „explodieren". Man könnte diese Tätergruppe auch als „Stress-Gewalttäter" kennzeichnen.

Im Gegensatz zu dieser Gruppe kann die zweite als solche gekennzeichnet werden, der Gewalt „Vergnügen" bereitet, d.h. sie haben Spaß daran, andere zu erniedrigen, besonders solche, die als „vulnerabel" eingeschätzt werden können.

Es geht also nicht etwa darum, Sportmöglichkeiten anzubieten, um Triebabfuhr zu ermöglichen, sondern um das Selbstwertgefühl zu stärken. Es sollten idealisierte Selbst- Objekte angeboten werden. Sport wirkt dann nicht durch die Energieabfuhr, sondern über Sport-Idole (Modelle); diese sind dann die bisher entbehrten Selbst-Objekte. Es kommt so zu einer Festigung des Selbst.

Untersuchungen zeigen, dass Eltern oft gegen sie selbst gerichtete Aggressionen bestrafen, Aggressionen die von den Kindern gegen andere gerichtet werden, aber eher ermutigen! Das führt dazu, dass die Aggression gegen die Eltern gehemmt und auf weniger hemmende Personen und Situationen verschoben wird. Heinemann et al. bemerken, dass das Fehlen des Vaters bei aggressiven Jungen darauf hindeutet, dass sich diese nicht mit einem Vater identifizieren können. Die Delikte werden auch in Gruppen begangen, weil die gegenseitige Unterstützung als „soziale Unterstützung" zum Stressabbau beiträgt. (41)

An der Entstehung von aggressiven Verhaltensstörungen sind neben psychosozialen auch biologische Faktoren mitbeteiligt. Die genetischen Studien belegen, dass impulsiv-aggressives Verhalten und Störungen des Sozialverhaltens eine genetische Grundlage haben. Neurochemische Einflüsse sind ebenfalls nachgewiesen worden.

Ohne auf Einzelheiten einzugehen, kann z.B. festgestellt werden, dass ein Zusammenhang zwischen erniedrigter Serotoninaktivität und Störungen der Impulskontrolle sowie der Aggressivität besteht. (42)

Wie ausgeführt wurde, zeigt sich aggressives Verhalten schon frühzeitig in der Entwicklung eines Menschen. Da ein beträchtlicher Anteil Jugendlicher und Heranwachsender wegen Gewalttaten verurteilt wird, verdient diese Tätergruppe eine erhöhte Aufmerksamkeit.

Die Gewalt richtet sich zum großen Teil gegen Schwächere. Bei dem gewalttätigem Verhalten kann auch zwischen „expressiver Gewalt" (emotionale, Zustände) und der erwähnten „instrumentellen Gewalt" (geplante Straftaten wie Raub, Totschlag und wohlüberlegte Angriffe auf eine Person) unterschieden werden. (43)

Eine Person, die in ihrer Biographie eine Geschichte gewalttätigen Verhaltens aufweist, wird mit großer Wahrscheinlichkeit auch wieder rückfällig.

Diese Erkenntnis bedeutet, dass in einem Gerichtsverfahren bei Gewalttaten keine kurzen Strafen wegen vorhersagbarer Rückfälle angebracht sind.

Eine „Bestrafung" durch einen Arrest oder eine ambulante Maßnahme nach dem JGG kann nur nach sorgfältigster Prüfung und Abwägung aller lerntheoretischen Gesetzmäßigkeiten erfolgen und nur eine einmalige Ausnahme darstellen.

Nach einem Rückfall sollte dann konsequent von Jugendstrafen Gebrauch gemacht werden und diese nur in Ausnahmefällen zur Bewährung ausgesetzt werden.

Man sollte sich immer bewusst sein, dass Gewalttaten (Körperverletzungen) einen zunehmenden Schweregrad annehmen, d.h. es gibt keine ätiologisch begründete Unterscheidung zwischen „einfacher" und „schwerer" Körperverletzung sowie Totschlag. Es handelt sich nur um eine Eskalation der Gewalt, die bei geringer Bestrafung verstärkt wird.

Unangepasstes und aggressives Verhalten zu Hause und in der Schule ist in der Vergangenheit von Risikotätern fast immer nachweisbar.

Eine wirksame Therapie für Gewaltstraftäter ist noch nicht entwickelt worden. Die prinzipielle Ausgestaltung einer solchen Therapie wird im Kapitel „Behandlung" skizziert. Auch die in der Literatur oft erwähnten „Antiaggressionstrainings" sind nicht durchgängig effizient. Um die Gesellschaft präventiv zu schützen, hilft daher bei Tätern im Allgemeinen nur die Einsperrung. Man sollte hier immer an die künftigen Opfer denken.

Psychopathie als schwerste Form einer antisozialen Persönlichkeitsstörung

Die neuere Forschung weist nach, dass Psychopathie als Spezialfall einer antisozialen Persönlichkeitsstörung ebenfalls ein herausgehobener Faktor für die Rückfälligkeit bei Gewalttätern ist. Solche Personen werden schon kurz nach ihrer Entlassung wieder rückfällig und sie reagieren kaum auf Behandlungsversuche.

Hare hat das unter den verschiedensten Namen wie Psychopathie, Soziopathie, dissoziale oder antisoziale Persönlichkeitsstörung (DSM IV) fir-mierende Verhaltenssyndrom erstmals auf eine operationale empirische Basis („Psychopathy Checklist – Revised": PCL-R) gestellt.

Das Syndrom kann so relativ eindeutig diagnostiziert werden. Psychopathie ist ein empirisch verifizierbares Konstrukt.

Man versteht darunter ein Verhalten, das Charme mit Manipulation, Einschüchterung und Gewalt verbindet, um andere zu kontrollieren und die eigennützigen Ziele zu erreichen. Um es in Worten von Hare auszudrücken:

„Ohne Gewissen und Gefühle für andere, nehmen sie sich kaltblütig was sie wollen und tun was ihnen gefällt; dabei verletzen sie soziale Normen und Erwartungen ohne die geringsten Anzeichen von Schuld oder Bedauern". (44)

Der Anteil der Persönlichkeiten mit der Diagnose „Antisoziale Persönlichkeitsstörung" umfasst in der psychiatrisch-forensischen Population etwa 50-75%, Psychopathen machen etwa 1% der Bevölkerung und 15-25% der Gefängnispopulation aus. Sie sind für einen überproportionalen Anteil der schweren Gewaltverbrechen verantwortlich.

Das Kennzeichen der Psychopathie ist die Dauerhaftigkeit der Struktur. Diese ist auch therapieresistent. Die Rückfallquoten nach unterschiedlichen therapeutischen Ansätzen sind sehr hoch.

Man kann generell sagen, ein Rückfall nach einer angemessenen Behandlung z.b. durch kognitive Verhaltenstherapie, die richtig angewendet worden ist, gilt als Hinweis darauf, dass es sich wahrscheinlich um einen psychopathischen Täter handelt.

Da das Konstrukt der Psychopathie nur für Erwachsene gilt, ergibt sich die Frage, ob die Verhaltensmerkmale bzw. ihre Vorläufer schon bei Kindern und Jugendlichen nachzuweisen sind. Da die Behandlungsmöglichkeiten bei Erwachsenen als gering eingeschätzt werden, würde vielleicht eine möglichst frühzeitige Prognose der Problematik bessere Möglichkeiten der Intervention bieten.

In mehreren Studien wurden Zusammenhänge zwischen kindlichen und jugendlichen Verhaltens- und Psychopathiemerkmalen untersucht. Christian et al. (1995) haben eine entsprechende Arbeit vorgelegt. Im Extremfall handelt es sich bei diesen „persistenten" Tätern um das Bild einer „antisozialen Persönlichkeit", die Eingang in das DSM IV fand.

Schon als Kind fallen diese Täter, wie oben schon ausführlich beschrieben, durch unruhiges und impulsives Verhalten auf, zeigen schlechte Schulleistungen, laufen von zu Hause fort und fallen durch grausames Verhalten gegenüber Tieren oder Menschen auf. (45)

2.5. Folgerungen für die Arrestpraxis

Das Kapitel über die psychologischen Ursachen lässt erkennen, dass die Justiz im präventiven Sinn „zu spät" kommt, da die dauerhaften Fehlentwicklungen schon in der Kindheit angelegt wurden. Eigentlich sind die Jugendbehörden diejenigen, die hier gefordert sind.

Die Arrestpraxis ist aber gut beraten, wenn sie die bisherigen Ausführungen in ihrem Handeln berücksichtigt. Man kann in einem ersten Schritt die Effizienz des Arrests noch nicht grundsätzlich verbessern, sondern nur die Voraussetzungen dafür, indem „ungeeignete" Täter möglichst ausgeschlossen werden.

Es wäre schon ein Fortschritt, wenn die Gruppe der persistenten Täter im Arrest nicht mehr angetroffen würde. Da der Arrest ein „Sammelbecken" von Tätern darstellt, die oft nur dort sind, weil man sich scheut, sie in den Jugendstrafvollzug zu schicken, ist der Anteil der Lebenslauftäter wahrscheinlich hoch, auch wenn darüber keine empirischen Untersuchungen vorliegen. Die repräsentativen Stichproben der Gutachten aus Westdeutschland lassen aber aufgrund der erhobenen Merkmale der Arrestanten vermuten, dass viele davon den Lebenslauftätern zuzuordnen sind. Wenn sie aus den Arrestanstalten herausgehalten werden könnten, wäre eine konzeptionelle Neuordnung des Arrests einfacher.

Nachdem einige Erkenntnisse aus der Ursachenforschung Hinweise auf die gerichtliche Verurteilungspraxis zulassen, erhebt sich die Frage welche Schlussfolgerungen sich für die Vollzugspraxis ergeben.

> Auch für den Arrestvollzug gilt die alte Regel, dass im Vollzug zu differenzieren ist, d.h. unterschiedliche Täter sollten auch unterschiedlich behandelt werden.

Fast alle Arrestanten sind durch ambulante Maßnahmen vorgewarnt und haben sich dennoch nicht gesetzeskonform verhalten. Die Einsperrung im Vollzug kann deswegen nicht das Ziel haben, die dortige Zeit möglichst „komfortabel" hinter sich zu bringen. Da ein angemessenes soziales Verhalten in Freiheit durchgängig nicht erfolgt ist, sollten Ansätze dazu im Arrest vermittelt werden, notfalls auch mit rigorosen Maßnahmen, z.B. durch kognitive Verhaltenstherapie oder, wenn diese nicht möglich ist, durch Vollzug in Einzelzellen.

> Im Vollzug sollte schon bei Beginn eine soziale Diagnose erstellt werden, denn im Gegensatz zum Gerichtsverfahren ist bei Dauerarrestanten dazu genügend Zeit.

Aus dieser Diagnose sollte sich ergeben, ob der Jugendliche zu der Gruppe der Entwicklungs- oder der Lebenslauftäter gehört. Wie oben ausgeführt, ist eine solche Zuordnung im Allgemeinen ohne Schwierigkeiten zu treffen, wenn man eine sorgfältige Anamnese durchführt. Wenn der Eindruck besteht, dass der Jugendliche ein persistenter Täter ist, sollte er einer Behandlung unterzogen werden, wie sie weiter unten für die Risikotäter skizziert wird.

Zum Ende des Arrests sollte eine begründete prognostische Einschätzung des künftigen Legelverhaltens vorgenommen werden.

Der Zusammenhang zwischen Kriminalität und niedriger Intelligenz bzw. den Leistungsrückständen in den Bereichen Schreiben/Lesen und Sprechen sollte Anlass sein, entsprechende diagnostische Abklärungen vorzunehmen. Die an Arrestanten nachgewiesenen Korrelationen zwischen delinquenter Belastung und kognitiven Leistungen unterstreichen diese Notwendigkeit. Bei deutlichen Ausfallserscheinungen in der Leistungsfähigkeit bzw. der Wahrnehmung kann auch vom Arrest aus eine fachärztliche Untersuchung erfolgen.

Die fast bei allen Arrestanten zu beobachtenden schulischen Defizite erfordern Unterricht bei den 2-4wöchigen Arrestanten.

Täter mit Gewaltstraftaten sollten von anderen Arrestanten getrennt und durch die Ausgestaltung des Vollzuges nicht noch belohnt werden. Eine staatliche Arrestanstalt ist grundsätzlich nicht dazu da, diesen Tätern auch noch „Krafttraining" anzubieten.

Wie oben schon erwähnt, sollte bei Straftaten, die durch Gruppen ausgeführt wurden (Gewaltstraftaten), der Vollzug so gestaltet werden, dass die Gruppe nicht gestärkt wird. Die Täter sollten deshalb Einzelhaft erhalten und auf keinen Fall in einer Behandlungsgruppe zusammengeführt werden. Das schließt nicht aus, dass die als Kind misshandelten Jugendlichen während des Vollzuges eine individuelle soziale Unterstützung erhalten.

Das erwähnte Konfliktlösungstraining könnte, wie andere zeitlich durchstrukturierte Trainings, helfen, die sozialen Kompetenzen zu verbessern. Geeignete Modelle als Gruppenleiter oder Trainer könnten auch Mitarbeiter des Allgemeinen Vollzugsdienstes sein. Alle vollzugsinternen Maßnahmen sollten die Entstehung von Subkulturen verhindern.

Anmerkungen zu 2

(1) Christian et al., 1995.

(2) Moffitt, 1993 Unter „persistent" wird das differentialdiagnostisch zentrale Merkmal der Kontinuität des dissozialen Verhaltens verstanden. Die einzelnen Handlungen passen sich dabei der psychischen Entwicklung an (z.b. beißen und schlagen im vorschulischen Alter, Autodiebstahl in der Jugendzeit, Vergewaltigungen als Heranwachsender und Misshandungen in der eigenen Familie als Erwachsener).

(3) Bundesministerium des Inneren/Bundesministerium der Justiz, 2001

(4) vgl. Schneider, 2001

(5) Yoshikawa, 1994

(6) Hirschberg, 1994

(7) Donnellan et al., 2000

(8) Unter neuropsychischen Störungen versteht man anatomische Strukturen und physiologische Prozesse innerhalb des Nervensystems, die sich psychologisch auswirken, d.h. z.b. das Temperament, die Entwicklung des Verhaltens und die kognitiven Fähigkeiten. Es geht auch um Faktoren, die vor, während oder nach der Geburt bedeutsam sind. Es gibt eine Reihe von Einflüssen, welche die Entwicklung der neuralen Strukturen behindern. Man hat Anomalien gefunden, die auf Störungen der neuronalen Netze hinweisen und die bei aggressiven Personen in größerem Ausmaß gefunden wurden. Hirnorganische Verletzungen bei späteren Gewalttätern können während der Geburt verursacht werden, wie Längsschnittstudien gezeigt haben. Unterschiedliche neuronale Strukturen können auch auf Vererbung beruhen. Die Folgen von Kindesmisshandlungen können sich als hirnorganische Fehlfunktionen zeigen. Die neuropsychologischen Störungen liegen auch frühkindlichen Verhaltensweisen zugrunde, die dazu führen, diese Kinder als „schwierig" (z.B. „Schreibabies") zu kennzeichnen..(Moffitt, 1993)

(9) Moffitt 1993, 680

(10) Lewis & Balla, 1976

(11) Moffitt, 1993

(12) Bundesministerium des Inneren/Bundesministerium der Justiz, 2001, 482

(13) Moffitt, 1993

(14) vgl. Wilson & Herrnstein, 1986

(15) vgl. Wilson & Herrnstein 1986

(16) vgl. Wilson & Herrnstein, 1986

(17) Wilson & Herrnstein, 1986

(18) Patterson et al.,1989

(19) Patterson et al.,1989.

(20) Eggers et al., 1994, 106

(21) vgl. Cicchetti et al., 1995, 9

(22) vgl. Cicchetti et al., 1995

(23) vgl. Wilson & Herrnstein, 1986

(24) vgl. Wilson & Herrnstein, 1986

(25) Cicchetti et al., 1995

(26) Grossmann & Grossmann befassen sich mit dem mütterlichen Verhalten, das zu den problematischen Bindungsformen führt. Sie haben 4 Hintergründe dieser Verhaltensweisen der Mütter ausgemacht: (1) Die Mutter ist selbst durch ihre eigenen kindlichen Erfahrungen verunsichert. Sie sucht in ihrem Kind ihre eigene Bindungsperson und hindert das Kind durch Drohungen und Schuldgefühle am Selbständigwerden, indem sie andere Interessen des Kindes ihrerseits als Zurückweisung gegenüber ihrer Person versteht.

(2) Das Kind wird für Probleme in der Familie verantwortlich gemacht. (3) "Die Mutter ist so sehr mit ihren eigenen Problemen beschäftigt, daß das Kind unvorhersehbar wechselhafte Fürsorge sowohl in zeitlicher als auch in qualitativer Hinsicht bekommt." (4) Die Mutter beteuert das Kind zu lieben, weist es aber zurück bzw. bevorzugt ein anderes Geschwister.

(27) „Frühe vermeidende oder ambivalente Bindungen zu den Eltern scheinen einen Kreislauf in Bewegung zu setzen, der zu immer größerer Verhärtung der unangepaßten psychischen Struktur führt. Weil die Unfähigkeit zum flexiblen Handhaben der Impulse von innen und die Anforderungen von außen deutlich selbst erlebt werden, verschließen sich diese Kinder und verbergen sich manchmal hinter einem Schutzschild körperlicher Stärke, manchmal hinter einer Fassade, die nicht sofort erkennen läßt, was in ihnen vorgeht. Ihnen fehlen, sagt Sroufe (1989), sichere Arbeitsmodelle über soziale Beziehungen; und ihnen fehlen auch die subtilen, flexiblen Möglichkeiten und die geistige Beweglichkeit, sich solche Arbeitsmodelle zu schaffen - sofern sie keine Hilfe dabei erfahren." (Grossmann & Grossmann, 1998, 185)

(28) Yoshikawa, 1994

(29) „Neben sozioökonomischen Belastungen der Familien finden sich auch ungünstige Sozialisationserfahrungen im familiären Umfeld. Insbesondere mangelnde Bindung und ein gewaltbelastetes Erziehungsverhalten der Eltern haben einen wichtigen Stellenwert für die Entwicklung späterer Delinquenz." ((Bundesministerium des Inneren/Bundesministerium der Justiz, 2001, 482

(30) Patterson et al., 1989

(31) vgl. Wilson & Herrnstein, 1986

(32) Moffitt, 1993

(33) Farrington, 1992

(34) Kraus, 1992, 82

(35) Das gängigste ist das der APA (American Psychiatric Association) und besteht hinsichtlich der Symptomatik, die auch in der entsprechenden Literatur verarbeitet wurde, in seiner vierten revidierten DSM Fassung.

(36) Im DSM (Diagnostic and Statistical Manual of Mental Disorders) der American Psychiatric Association (APA) gibt es mehrere Auflagen (DSM I-IV). Im DSM II wurde es als hyperkinetisches Syndrom bezeichnet, im DSM III als ADD/H (Attention Deficit Disorder with or without Hyperactivity) und im DSM IV als Attention-Deficit/Hyperactivity Disorder bezeichnet. Die spezifizierten Verhaltensweisen sind im DSM IV ausführlich definiert. (APA, 1994)

(37) Moffitt, 1990

(38) Man kann Persönlichkeitsstörungen als Defizite sozialer Fähigkeiten/- Fertigkeiten oder als Defizite in der Handhabung sozialer Interaktionen mit anderen Personen ansehen. Persönlichkeitsstörungen sind klinisch vor allem als Verhaltensstörungen relevant. Die Betroffenen weisen Persönlichkeitszüge auf, die von der Umwelt als störend und abnorm empfunden werden. Sie gehen mit wesentlichen Beeinträchtigungen in der sozialen Anpassung einher, insbesondere in den familiären und beruflichen Beziehungen, aber auch in der beruflichen Leistungsfähigkeit. Im Gegensatz zur Neurose, an deren Symptomen die Person leidet, kann eine Persönlichkeitsstörung für die Person akzeptabel sein, obgleich sie negative Reaktionen anderer auslöst.

(39) Eisenhardt, 1977

(40) Schmeck & Poustka, 2000

(41) „Aggressives Verhalten bei Knaben ist Ausdruck erhöhter narzißtischer Kränkbarkeit, weil ihnen wesentliche Momente in der Selbstentwicklung verlorengehen, da sie die Identifi-kation mit der Mutter abwehren müssen und ein zuverlässiger männlicher Ersatz fehlt. In der Dissozialität suchen sie dann nach Männlichkeit." (Heinemann et al., 1993, 87)

(42) Schmeck & Poustka, 2000

(43) Ogloff & Douglas, 1995
(44) Hare, 1995
(45) Farrington, 1992

.

3. Behandlung

Zu Anfang soll ein Zitat das Problem verdeutlichen: „Wollte sich die Gesellschaft doch nur vor Augen halten, dass Menschen, die Schwierigkeiten bereiten,
immer Menschen sind, die es selbst schwer haben. So ist vieles, was ober-
flächlich als Nicht-anders-Wollen bezeichnet werden könnte, tatsächlich ein
Nicht-anders-Können. Gerade bei den Delinquenten wird deutlich, dass sie oft
sehr wohl anders wollen, dass es ihnen aber nicht möglich ist, dieses Wollen auch
in die Tat umzusetzen." (1)

Das Ergebnis einer Intervention ist immer die Folge einer Interaktion zwischen
der Art der Behandlung und Eigenschaften des Täters, d.h. man muss die
Behandlung auf die Eigenart des Täters ausrichten. Nicht jeder Täter ist für jede
Art der Behandlung geeignet, d.h. in jedem Fall ist eine Differenzierung erforderlich. Das setzt in einem ersten Schritt die geforderte Erfassung der
psychischen Problematik (Diagnose) voraus. Unabhängig von der besonderen
Täterstruktur sollte aber das soziale Umfeld in die Intervention einbezogen
werden, wenn die Behandlung längerfristig Erfolg haben sollte.

Die skeptische Haltung bis Mitte der 80er Jahre, ob eine Behandlung von Dissozialität überhaupt Erfolge bringt, ist nach neueren Studien nicht mehr generell
gerechtfertigt. Die Ergebnisse durch Meta-Analysen von Behandlungsprogrammen führen zu der Ansicht, dass gezielt auf die Probleme der Insassen von Anstalten zugeschnittene Ansätze Erfolge bringen, während unspezifische oder
methodisch ungeeignete Behandlung eher das Gegenteil bewirkt. Generell haben
sich Programme mit kognitiver Verhaltenstherapie bewährt, besonders bei der
Kontrolle von Ärger und Aggression.

Die Ergebnisse einer Meta-Analyse von 400 Behandlungsstudien zeigen auch,
dass Schulanwesenheit besonders erfolgversprechend ist. Positive Änderungen
in psychologischen Faktoren wie z.B. verbesserte zwischenmenschliche Anpassung führt auch zu verbesserter schulischer Anwesenheit; diese wiederum hat
dann reduziertes dissoziales Verhalten zur Folge. (2)

Eine Behandlung sollte von der Voraussetzung ausgehen, dass Straffälligkeit
nicht einer akuten Infektion entspricht, sondern eher eine „chronische Krankheit" darstellt, d.h. die Interventionen müssen längerfristig angelegt werden und
einen breit gefächerten Ansatz von Methoden umfassen, denn isolierte Bemühungen dürften nicht ausreichen. Auch Kazdin kritisiert das traditionelle „Be-
handlungsmodell", das auch auf den Arrest und fast alle anderen Interventions-
formen im Jugendstrafrecht zutrifft, indem Interventionen über eine relativ kurze
Zeitspanne (oft noch methodisch unqualifiziert) durchgeführt und dann wieder
eingestellt werden mit der Hoffnung auf eine Art „Wunderheilung".

Bei der Behandlung von Straftätern sowohl in einer JVA als auch im Jugend-arrest geht es hauptsächlich um die Veränderung von Einstellungen, (z.b. zum Drogenkonsum, zur Gewalt). (3) Diese sind nicht einfach zu ändern, wie die folgenden Ausführungen belegen.

Wenn es um die Änderungen von Einstellungen geht (z.b. Einstellung zu Straftaten) ist es hilfreich, einige grundlegende Erkenntnisse der Sozial- bzw. Gruppenpsychologie zu berücksichtigen.

Die Experimente von Kurt Lewin zeigen den Gruppeneinfluss auf Einstellungen und die Möglichkeiten diese zu verändern. Dabei wird deutlich, dass Grup-pendiskussionen Vorträgen überlegen sind. Nach einem Vortrag änderten nur 3% der Versuchsteilnehmer ihre Verhaltensweisen, nach einer Gruppendiskus-sion 32%. Entsprechende Einstellungsänderungen sind in einer Arrestanstalt wissenschaftlich belegt worden, wie weiter unten ausgeführt wird. (4)

Beeinflussungsversuche, die aber den Eindruck einer „Freiheitseinschränkung" hervorrufen, lösen eine Reaktanz aus, ein Streben nach Wiederherstellung der als eingeschränkt empfundenen Freiheit. Dies führt zum Widerstand gegen die Behandlung und einem gegenteiligen „Bumerangeffekt".

Bedrohte Einstellungen ändern sich also nach Beeinflussungsversuchen in die der Intention entgegengesetzte Richtung, wenn die Beeinflussung massiv und durchschaubar ist. Als Ausdruck von Reaktanz gilt z.b. die direkte oder indi-rekte Wiederherstellung von Freiheit durch Aggressionen oder Attraktivitäts-veränderungen der eingeengten Verhaltensweisen. (5) Das bedeutet für Grup-pendiskussionen ein methodisch anspruchsvolles Vorgehen.

Die Behandlungsansätze in Institutionen, deren positive Wirksamkeit nach-gewiesen sind, zielen spezifisch auf die Risikofaktoren, die zur Rückfälligkeit führen. Die unwirksamen Ansätze sind dagegen unspezifisch sind und beruhen lediglich auf Einsperrung und Kontrolle. Die oben vorgeschlagene Trennung von Arrestanten bedeutet daher nur den ersten Schritt zu einer Behandlung.

Die Motivation der Täter spielt eine bedeutsame Rolle für den Erfolg einer Intervention. Folgende Begriffe umschreiben die Motivation: Freiwilligkeit, Leidensdruck, Änderungswunsch, Behandlungsbereitschaft, Belastungsfähig-keit, Wunsch aus der Rolle des Straftäters heraus zu kommen). (6)

Die entsprechende Motivation sollte daher auch bei den Jugendlichen im Arrest in Erfahrung gebracht werden. Wenn sie nicht vorhanden ist, d.h. wenig Einsicht in das eigene Verhalten vorliegt, sind gerade die kognitiven und konfrontativen Methoden angebracht.

3.1. Verhaltensmodifikation mit jugendlichen Tätern

Die Forschungsergebnisse über die Behandlung von straffälligen Jugendlichen geben eine Übersicht über die neueren Behandlungsstrategien. Sie weisen darauf hin, dass erfolgreiche Programme die individuellen Bedürfnisse und die sozialen Netzwerke der Jugendlichen berücksichtigen. Diese Programme setzen auf verschiedenen Ebenen an: Fertigkeitstrainings (28%); Einzel-, Gruppen- und Familienberatung (24%) und Mentorenprogramme (10%). Die Hälfte der Programme beziehen die Bewährungshilfe als Übergang von der Behandlungsphase zur häuslichen Reintegration ein. Die meisten (59%) waren Programme in Freiheit, 30% behandelten die Jugendlichen in besonderen Heimen oder bei Pflegeeltern, nur 11% der Programme wurden in Gefängnissen durchgeführt. 90% wurden zwischen 1990 und 1993 evaluiert. Eine gute Vorbereitung der Behandler oder Therapeuten war für den Erfolg der Behandlung wesentlich. (7)

Mulvey et al. sind, wie viele andere Forscher auch, der Ansicht, eine Kombination intensiver gemeindeorientierter Interventionen, die helfen, die sozialen Netzwerke der Jugendlichen zu verändern, wären die vielversprechendsten Behandlungsansätze. (8) Man vergleiche diese Erkenntnisse mit der Praxis der ambulanten Maßnahmen in Deutschland.

Die schon in den beiden Gutachten geforderte Nachbetreuung sollte deshalb unbedingt eingeführt werden.

Vielversprechend sind Programme, die kleinere Gruppen gezielt fördern. Die Reduktion des antisozialen Verhaltens war am größten, wenn es sich um eine gemischte Gruppe (straffällige und nichtstraffällige Jugendliche) handelte, die von einem erfahrenen Studenten geleitet wurde. Als Interventionsform kam die Verhaltensmodifikation zur Anwendung. (9)

Für den Arrest wäre es sinnvoll, nichtstraffällige Jugendliche in die Behandlung mit einzubeziehen, sie als „Ko-Therapeuten" einzusetzen.

Trainings zur Änderung von Denkstilen haben sich ebenfalls als erfolgreiche Ansätze erwiesen und können als Gruppendiskussionen durchgeführt werden..

Insgesamt kann aus den vorliegenden Studien abgeleitet werden, dass auch bei Jugendlichen verhaltensorientierte Programme, die noch mit Fähigkeits- und Fertigkeitstrainings gekoppelt werden, erfolgreich sind. Grundsätzlich bedeutsam ist die Erfahrung des Klienten über den Nutzen dieser Trainings für ihn selbst. Man muss jedoch berücksichtigen, dass die Erfahrungen in einem Training nicht automatisch auf ein Verhalten in Freiheit generalisiert werden können.

Deshalb sollten die Lernerfahrungen in der Freiheit weiter geübt werden, wie dies oben schon deutlich wurde. Kognitive Ansätze sind besonders hilfreich. Die Behandlung sollte in einer offenen Einrichtung fortgesetzt und durch ein intensives Supervisionsprogramm ergänzt werden. Wenn man diese Forderungen mit der deutschen Praxis der Jugendstrafrechtspflege vergleicht, dann ist letztere methodisch defizitär. Der Jugendarrest würde aber die Rahmenbedingungen stellen, da er auch weitgehend in Freiheit vollzogen werden kann.

Als Beispiel einer Behandlungsmethode soll die „Rational Emotive Verhaltenstherapie" (REBT) erwähnt werden. Bei ihr handelt es sich um eine Psychotherapiemethode, die schon vor 60 Jahren entwickelt wurde. Der Therapie liegen folgende Ansichten zugrunde: (1) Menschen werden mit einem Potential geboren, um sich rational oder irrational zu verhalten. (2) Die Tendenz z.b. irrational zu denken (Wunschdenken) und sich selbstzerstörerisch zu verhalten, ist oft durch Kultur und Familiengruppe bedingt. (3) Menschen nehmen wahr, denken, fühlen und verhalten sich ganzheitlich. Ihre Vorstellungen und Aktionen können in einem Rahmen gesehen werden, der aus früheren Erfahrungen, Erinnerungen und Schlussfolgerungen besteht. (4) Die REBT ist der Ansicht, dass die meisten Fehlverhaltensweisen dadurch entstehen, dass magisches und unrichtiges Denken im Spiel ist. Werden die Vorstellungen und Gedanken, die die Störungen verursachen, rigoros durch logisches Denken hinterfragt, können sie als falsch erkannt und dann reduziert werden. Die REBT soll nicht nur Symptome eliminieren, sondern Klienten helfen, grundlegende Werte zu hinterfragen, wenn diese zu dem Fehlverhalten beigetragen haben. (10)

In diesem Zusammenhang soll nochmals auf die intensive Überwachung nach der Entlassung hingewiesen werden. Generell gilt: „Normale" Bewährungshilfe für Täter mit geringerem Rückfallrisiko, intensive Überwachung für Täter mit hohem Rückfallrisiko! (11)

In einer Meta-Analyse von 46 Studien über den Behandlungserfolg von Programmen bei jungen Tätern wurden (1990) ähnliche Ergebnisse wie in vielen anderen Studien gefunden. Von den 46 Studien waren 16 ihrem Ansatz nach kognitiv ausgerichtet; 15 dieser Programme waren erfolgreich.

Eine interessante Studie über ein Verhaltensmodifikationsprogramm wurde bereits 1976 vorgelegt. Es handelte sich um ein Münzverstärkungs- („token-economy") Programm (Münzen werden als Verstärker eingesetzt) mit inhaftierten 13-17-jährigen Mädchen. Diese wiesen vor Programmbeginn dauerhafte Verhaltensprobleme auf, die bisher jedem therapeutischen Versuch widerstanden hatten.

Das Peer-Therapieprogramm war so angelegt, dass die Mädchen in Verstär-
kungs- und Kontingenzprinzipien unterrichtet wurden und die Aufgabe erhielten, diese Prinzipien auf einer 1 zu 1 Basis bei anderen Mädchen anzuwenden.
Während bei anderen Behandlungsprogrammen die Rückfallquote zwischen 5
und 10 von 15 therapierten Mädchen betrug, war sie bei diesem Programm
lediglich 1:15!

Insgesamt kann aus den vorliegenden Studien abgeleitet werden, dass auch bei
Jugendlichen verhaltensorientierte Programme, die auch noch mit Fähigkeits-
und Fertigkeitstrainings gekoppelt werden, erfolgreicher sind als Ansätze, die
nicht verhaltensorientiert sind.

Bei Gewalttätern ist ein ganz wichtiger Aspekt die Entwicklung der notwendigen sozialen Fähigkeiten, die bei ihnen unterentwickelt sind. Weiterhin sind die
Umweltstrukturen zu berücksichtigen, die gewalttätiges Verhalten fördern,
ebenso die bisherigen Lernerfahrungen der Täter. Eine wertvolle Quelle von
Informationen können Rollenspiele liefern. Sie simulieren soziale Situationen.

Wichtig sind aber auch noch weitere Faktoren. Nicht mehr als 6 Täter sollten an
einer Gruppe teilnehmen, sonst ist eine Gruppe nicht mehr leitbar. Die Inhalte
des Programms sollten nicht vorher starr festgelegt, sondern durch die
spezifischen Bedürfnisse der Gruppe bestimmt werden. Die gruppendyna-
mischen Prozesse erfordern auch, dass Feedback sofort gegeben werden muss.

Wichtig ist, dass die Klienten erfahren, dass ihr eigenes Verhalten andere zu
einer entsprechenden Antwort veranlasst. Dies betrifft auch Gedanken und
Emotionen. Bedeutsam ist auch, dass die Jugendlichen die Bedeutung des
Trainings für ihren Verhaltenskontext erkennen.

Wie schon mehrmals betont, sind kognitive Ansätze besonders hilfreich. Dies
geht auch aus einem Behandlungsprogramm hervor, das 1986 durchgeführt
wurde. In diesem Ansatz wurde das moralische Denken in den Mittelpunkt des
Programms gestellt. In Gruppendiskussionen wurde die moralische und ethische
Komponente von straffälligem Verhalten problematisiert; Rollenspiele wurden
ebenfalls implementiert. In den Ergebnissen (Polizeikontakt/Gerichtskontakt)
zeigte sich, dass die Rate von .4 auf .04 sank (!), d.h. um den Faktor 10,
während sie sich in einer Kontrollgruppe von .4 auf .45 steigerte. Das Training
wirkte sich auch auf das problematische Verhalten insgesamt positiv aus.

Für die Zuschreibung von Schuld und Verantwortlichkeit in einem Verfahren
und einer Behandlung ist der sozialpsychologische „Attributionsansatz" von
Bedeutung.

Eine Verantwortlichkeitszuschreibung (auf Täter und Opfer) beruht auf der Annahme, dass die Handlungseffekte wesentlich von der handelnden Person herbeigeführt wurden, von ihr absehbar und auch intendiert waren. Verhalten wird dann als eine Funktion von Personfaktoren begriffen.

Ob eine Person sich als fähig wahrnimmt, hängt vom Ausmaß ihrer Übereinstimmung mit dem Verhalten anderer Personen ab. Herrscht eine hohe Übereinstimmung, dann werden auftretende Verhaltensabweichungen eines Täters eher der Situation zugeschrieben („er konnte gar nicht anders handeln"), herrscht dagegen eine geringe Übereinstimmung (z.b. bei Einzeltätern) vor, dann wird für die Abweichung die entsprechende Person direkt verantwortlich gemacht.

Von großer Bedeutung im Rahmen einer Behandlung ist auch ein Ansatz, der davon ausgeht, dass sich Handelnder und Beobachter grundlegend in der Wahrnehmung von Verhaltensursachen unterscheiden. Der Handelnde (Täter) neigt dazu, seine Handlungen mit Situationsmerkmalen zu begründen („der hat mich provoziert"), während der Beobachter dazu tendiert, die gleichen Handlungen stabilen Persönlichkeitsmerkmalen („der Angeklagte ist aggressiv") des Täters zuzuschreiben.

Der Grund für solche unterschiedlichen Attribuierungen soll aus dem unterschiedlichen Informationsstand abzuleiten sein. Der Handelnde verfügt über mehr Informationen über seine Handlungsgeschichte. Der Beobachter hat in der Regel nur Informationen darüber, inwieweit das Verhalten des Handelnden von dem anderer Personen abweicht. In empirischen Untersuchungen wurden diese Annahmen bestätigt. Dabei hat sich zusätzlich gezeigt, dass zur Empathie mit dem Handelnden aufgeforderte Beobachter eher „situativ" attribuieren als normale Beobachter. Dieses Ergebnis hat praktische Konsequenzen für die Erklärung vom Täterhandeln. Je distanzierter ein Beurteiler des Geschehens einem Täter gegenübersteht (z.B. im Gerichtsverfahren), umso eher wird er dessen Verhalten Eigenschaften der Person zuschreiben.

Diese sozialpsychologischen Prozesse sind sowohl für die Entscheidungen im Gerichtsverfahren bedeutsam, ebenso aber auch im Rahmen von Behandlungsprogrammen, z.B. in kognitiven Ansätzen wie Diskussionsgruppen.

Abschließend soll noch auf das Stanford-Gefängnis-Experiment hingewiesen werden, um zu verdeutlichen, dass die Handlungen anderer Menschen aus der situativen Perspektive bzw. ihrer Rolle in einem realen Kontext beurteilt werden müssen. (12)

3.2. Behandlung von Risikotätern

Der folgende Abschnitt bezieht sich vorwiegend auf Gewalttäter und unter diesen auf die persistenten Lebenslauftäter. Generell kann gesagt werden, dass die beste Voraussage für späteres gewalttätiges Handeln dieses Verhalten selbst liefert, da Gewalttäter zur Rückfälligkeit neigen. Eine Einsperrung ohne spezifisches Behandlungsprogramm reduziert aber diese Rückfälligkeit nicht. Behandlungsprogramme in Anstalten können dagegen die Rückfälligkeit reduzieren, wenn sie folgende Merkmale aufweisen: strukturierte verhaltenstherapeutische bzw. kognitiv-verhaltenstherapeutische Ansätze; Übereinstimmung zwischen den Bedürfnissen der Gefangenen und dem Behandlungsansatz; spezifische Ausbildung der Therapeuten; Fortsetzung der institutionellen Behandlung in Freiheit durch nachfolgende gemeindeorientierte Behandlung und, besonders wichtig, durch intensive Überwachung.

Die folgenden Behandlungsansätze haben sich als ineffektiv erwiesen. Gruppentherapie ist nicht sinnvoll, wenn sie einen freien Gedankenaustausch zwischen den Gruppenmitgliedern ermöglicht. Wenn Gruppentherapie durchgeführt wird, dann muss der Leiter ständig wachsam sein, um den Informationsaustausch auf nicht kriminelle Themen zu beschränken. Generell sind unstrukturierte, zeitlich nicht begrenzte und auf Einsicht zielende Methoden ineffektiv. (13)

Deshalb sollten psychodynamische und humanistische psychologische Ansätze vermieden werden. Auch Methoden, die hohe verbale Anforderungen stellen (z.B. Gesprächspsychotherapie) und Wert auf Beziehungen legen, können nur dann als effizient angesehen werden, wenn dieses Niveau auch beim Täter anzutreffen ist. Die meisten Täter haben aber diese Differenziertheit nicht und profiticrcn damit auch nicht von solchcn Bchandlungsansätzcn.

Behandlungsansätze im Arrest sollten diese Erkenntnisse berücksichtigen, da es sich meistens nicht um Ersttäter, sondern auch um Risikotäter handelt.

Die Behandlungsstrategien bei Gewalttätern erfordern prinzipiell ein differenziertes Vorgehen, was auch die Täterstrukturen nahe legen. Körner hat die Thematik der Entstehung, der Diagnose und der Behandlung der erwähnten zwei Subtypen (reaktive und instrumentelle Gewalt) und eines weiteren „Frustrationstypus" in einem Artikel dargelegt. Dort werden die Defizite nochmals verdeutlicht, die schon an verschiedenen Stellen dieser auf den Arrest bezogenen Abhandlung benannt wurden: die fehlende Diagnostik im Verfahren und die fehlenden Behandlungsstrategien. (14)

In der Literatur sollte deswegen nicht der Eindruck erweckt werden, bei Arrestanten handele es sich nur um ein „episodenhaftes" Fehlverhalten.

Diese Bewertungen lenken nur davon ab, dass es bei Gewaltstraftaten von Arrestanten prinzipiell um schwere Taten und schwierig zu behandelnde Täter geht und vermitteln den Eindruck, die Probleme würden sich mit zunehmendem Alter von allein lösen.

Abschließend zu dieser Thematik eine Meinung von Schneider, einem der besten Kenner der internationalen Forschung:

„Es ist in der Tat richtig, dass der chronische Lebenslauf-Gewalttäter lernen muss, Verantwortlichkeit zu übernehmen und sich in seine Opfer einzufühlen. Es macht keinen Sinn, seine Verantwortlichkeit dadurch zu schwächen, dass man die Ursachen für seine Gewalttaten auf die gesellschaftlichen Verhältnisse schiebt..." (15)

Anmerkungen zu 3

(1) Goudsmit, 1964, 672
(2) Lipsey, 1992a
(3) Einstellungen sind ein neuropsychischer Zustand der Bereitschaft für geistige und körperliche Aktivität. Mehrdimensionalen Konzepte gehen davon aus, dass eine Einstellung aus zwei oder mehr Komponenten besteht. Es handelt sich um eine kognitive, affektive und konative (handlungsbezogene) Komponente. Bei der kognitiven Komponente der Einstellung geht es um Vorstellungen über das jeweilige Einstellungsobjekt. Die affektive Komponente erfasst das Gefühl, das einer Person oder einem Objekt entgegen gebracht wird. Dabei können angenehme (= positive) von unangenehmen (negativen) Gefühlen unterschieden werden. Mit der handlungsbezogenen Komponente ist die Handlungsbereitschaft gemeint.
(4) vgl. Aronson, 1994
(5) Die Person kann z.b. die Freiheit wiederherstellen, indem sie der nächsten Aufforderung der einengenden Person nicht nachkommt. Die Aggressionen dienen der Wiederherstellung der Freiheit, indem die einengende Instanz körperlich oder psychisch angegriffen wird, um die Einengung aufzuheben. (vgl. Gniech & Grabitz, 1978)
(6) vgl. Steller, 1977, 73
(7) U.S. Department of Justice, 1992
(8) Mulvey et al. 1993
(9) Kazdin, 1987
(10) Ellis, 1995
(11) vgl. Ogloff & Douglas, 1995
(12) Im Keller des Psychologischen Instituts richteten Zimbardo und seine Studenten ein simuliertes Gefängnis ein.
„In dieses Gefängnis holte Zimbardo eine Gruppe normaler, reifer, stabiler, intelligenter junger Männer. Durch das Werfen einer Münze bestimmte Zimbardo die Hälfte von ihnen zu Gefangenen, die andere Hälfte zu Wärtern, und so lebten sie mehrere Tage zusammen. Was geschah? Zimbardo selbst be- schreibt das folgendermaßen: Nach nur sechs Tagen mussten wie unser Pseudogefängnis schließen, denn was wir sahen, war erschreckend. Weder uns noch den meisten Versuchspersonen war noch klar, wo sie endeten und wo ihre Rollen begannen. Die Mehrheit von ihnen war tatsächlich zu „Gefangenen" oder „Wärtern" geworden und konnte nicht mehr richtig zwischen ihrer Rolle und ihrem Selbst unterscheiden. Eigentlich jeder Aspekt ihres Verhaltens, Denkens und Fühlens hatte sich in einschneidender Weise verändert. In weniger als einer Woche machte das Gefängnis-Experiment (zumindest vorübergehend) alles zunichte, was die Beteiligten ein Leben lang gelernt hatten. Menschliche Werte galten nichts mehr, ihr Selbstkonzept war in Frage gestellt, und die häßlichsten, gemeinsten, pathologischsten Seiten der menschlichen Natur kamen zum Vorschein. Wir waren entsetzt, weil wir sahen, daß einige der Studenten („Wärter") andere wie verachtenswerte Tiere behandelten und daß es ihnen Spaß machte, grausam zu sein, während die anderen („Gefangene") zu unterwürfigen, entmenschlichten Robotern wurden, die nur noch ihre Flucht, ihr eigenes Überleben und ihren wachsenden Haß auf die Wärter im Kopf hatten." (Aronson, 1994, 32)
(13) vgl. Ogloff & Douglas, 1995
(14) Körner, 2009
(15) Schneider, 2001, 202

4. Die spezielle Problematik des Arrests

Sie besteht prinzipiell darin, dass die Maßnahme zeitlich viel zu kurz konzipiert wurde und sie zu viele unterschiedliche Vorstellungen über den Zweck einer kurzen Strafe bei zu vielen unterschiedlichen Tätern beinhaltet. Während bei der Einführung sogar noch gewisse einheitliche ordnungspolitische Vorstellungen mit dem Arrest verbunden waren, kann man die letzten Jahrzehnte nur als mehr oder weniger konzeptionslos wahrnehmen. Im Grunde weiß man nicht, wo man anfangen soll, um Ordnung in das System zu bringen.

Aus eigener Erfahrung hat es auch den Anschein, dass sowohl innerhalb als auch außerhalb der Justiz keine klaren Vorstellungen über Sinn und Zweck des Arrests bestehen und letztlich auch niemand Interesse daran hat, Fortschritte zu erzielen. Man könnte zu der Auffassung kommen, der Jugendarrest sei grundsätzlich eine Fehlkonstruktion, allerdings ist das Gegenteil der Fall. Keiner käme auf den Gedanken, Konzeptionen aus der Kriegs- oder Nachkriegszeit ohne fundamentale Verbesserungen zu übernehmen. Beim Arrest hat sich dagegen seit dieser Zeit trotz neuer Erkenntnisse der Sozialwissenschaften wenig bis nichts geändert.

Die verbreitete Unkenntnis über den Arrest führt dazu, dass selbst einigen Juristen der Unterschied zwischen Arrest und Strafvollzug nicht klar ist.

Die Arrestanten werden mit „Gefangenen" gleichgesetzt; sie befinden sich „im Gefängnis". Wenn versucht wird zu differenzieren, z.B. zu verdeutlichen, dass die Verhängung des Arrests auf unterschiedliche Insassengruppen unterschiedliche Wirkungen hat, löst dies sowohl in der Kriminologie als auch in der Praxis keine Reaktion aus.

Über den Arrest als häufigste stationäre Maßnahme (= Einsperrung = Freiheitsentzug) im Jugendrecht gibt es kaum Literatur. Das ist die Auswirkung von ungelösten ideologischen Konflikten und dem daraus resultierenden Unwillen, sich mit der Realität des Arrestvollzugssystems zu befassen.

Die Folge davon ist, dass die geringen Chancen zur Sozialisierung bzw. Resozialisierung nicht erkannt und die Vollzugspraxis sich nur mit marginalen Problemen befassen kann, denn die materiellen und personellen Ressourcen kommen zum größten Teil dem Strafvollzug zugute. Die Vollzugsabteilungen der Justizministerien verkennen die Bedeutung des Arrestvollzugs, ebenso die Öffentlichkeit. Das Arrestvollzugssystem ist ein „weißer Fleck" auf der wahrgenommenen Landkarte sozialer Probleme.

4.1. Organisationsaspekte

Befasst man sich genauer mit dem Arrest, dann sind einige organisationstheoretische Kenntnisse erforderlich, um erfolgreich Behandlungsansätze zu verwirklichen. Auch in diesem Abschnitt lassen sich nur einige Aspekte zu dieser Thematik aufzeigen. In der Strafvollzugsliteratur finden sich aber über den Strafvollzug als Organisation genügend Darstellungen. (1)

Die folgende Definition von „Organisation" vermittelt einen Rahmen, in dem auch die Arrestorganisation verdeutlicht werden kann.

Bei einer Organisation handelt es sich um ein „kollektives Ganzes mit relativ festgelegten und identifizierbaren Grenzen, einer normativen Ordnung, hierarchischem Autoritätssystem, Kommunikationssystem und einem koordinativen Mitgliedssystem; dieses kollektive Ganze besteht aus einer relativ kontinuierlichen Basis innerhalb einer sie umgebenden Umwelt und beschäftigt sich mit Handlungen und Aktivitäten, die sich gewöhnlich auf ein Endziel oder Objektiv hin bezieht, oder eine Menge von Endzielen oder Objektiven." (2)

Auf eine Arrestanstalt bezogen heißt das, dass sie in das Jugendstrafrechtssystem einzuordnen ist; die Grenzen ergeben sich aus den Vorschriften der JAVollzO und dem Jugendstrafrecht sowie aus den physischen Grenzen (Anstalt als Bau). Das hierarchische Autoritätssystem wird durch den Anstaltsleiter (Jugendrichter vor Ort) und der Mitarbeiterhierarchie gebildet. Die Zielvorstellungen des Arrestsystems bestehen aus einer Reihe von miteinander zu vereinbarenden und nicht zu vereinbarenden Einzelzielen (Gewährleistung der Einsperrung, Resozialisierung usw.). Die Vorstellung einer Anstalt als Organisationssystem bedeutet auch, dass sie bei den Mitgliedern (Mitarbeiter und Insassen) Wirkungen hervorruft. Diese beziehen sich auf den Sachverhalt, einer Organisation für eine bestimmte Zeit anzugehören, (z.B. auf einer Zelle die meiste Zeit des Tages eingesperrt zu sein, eine Arbeit auszuführen oder ein bestimmtes Behandlungsprogramm zu durchlaufen).

Divergierende Ziele wie sie gerade aufgezählt wurden, führen zu einer Reihe von Konflikten, auf die an dieser Stelle nicht näher eingegangen werden soll.

Ein solcher Konflikt bildet sich auch an den Nahtstellen zwischen „sozialer" (= informaler) und „formaler" Organisation. Soziale Organisationen (Mitarbeitergeflecht und Arrestanten) beziehen sich auf die Art und Weise, wie zwischenmenschliches Verhalten entsteht und sich organisiert. Formale Organisationen wie die Anstalt entstehen dagegen nicht selbst, sondern sind planmäßig geschaffen worden, um entsprechende Ziele zu erreichen.

Innerhalb der formalen Organisation entwickelt sich die informale (z.b. die „Subkultur"), deren Handlungen völlig unabhängig von der formalen sind. (3)

In einer Organisation, d.h. hier einer Arrestanstalt, gelten, nach Weinert, die folgenden Gesetzmäßigkeiten:

(1) Der Mitarbeiter ist im Wesentlichen von sozialen Bedürfnissen, nicht vom materiellem Be- und Entlohnungssystem motiviert.

(2) Er erhält sein Zugehörigkeitsgefühl, sein Gefühl der Identität, seine Bereitschaft und seinen Willen zur Integration in die Organisation durch seine Beziehungen mit anderen Personen am Arbeitsplatz.

(3) Er reagiert auf soziale Einflüsse, soziale Normen und „Standards", die typisch für seine Gruppe sind, zu der er gehört (informale Organisation). Er reagiert auf die Erwartungen der Organisationsleitung in dem Maße, in dem seine Vorgesetzten seine persönlichen Bedürfnisse am Arbeitsplatz berücksichtigen oder missachten.

(4) Der Mitarbeiter einer Organisation muss versuchen, seine Bedürfnisse in den sozialen Beziehungen am Arbeitsplatz zu befriedigen. (4)

Man kann die Organisation als ein System betrachten, in dem Mitarbeiter ständig Entscheidungen fällen. Zwei Faktoren, die für das Organisationsverhalten ausschlaggebend sind: (1) der innere Zustand des Einzelnen und (2) die wahrgenommene Umgebung, innerhalb derer der Mitarbeiter handelt.

Dieser Ansatz beruht damit auf der Annahme, dass die Mitglieder einer Organisation, Erwartungen und Ziele haben. Weiter gilt, dass ihr Wissen in Entscheidungssituationen begrenzt ist, ebenso ihre Lernfähigkeit und ihr Konfliktlösungsvermögen. Dies weist indirekt auch auf die Ausbildung hin, die Mitarbeiter brauchen, um sinnvolle Entscheidungen zu treffen, bzw. Probleme lösen zu können. Ob z.B. die Mitarbeiter des Allgemeinen Vollzugsdienstes in einer Arrestanstalt die gleiche Ausbildung haben sollten wie diejenigen in Strafanstalten, ist offen. Die Justizverwaltungen machen keine Unterschiede im Einsatz dieser Mitarbeitergruppe.

Konflikte entstehen, wenn Einzelne oder Gruppen in Organisationen vor Entscheidungsprobleme gestellt werden. Diese Konflikte haben Einfluss auf den einzelnen Mitarbeiter. Drei Konfliktformen sind zu unterscheiden, die individuellen Konflikte, die Organisationskonflikte und die Interorganisationskonflikte.

Ein Organisationskonflikt in einer Arrestanstalt besteht z.b. darin, ob die Jugendlichen tagsüber arbeiten oder in sozialpädagogischen Gruppen betreut werden. Ein anderer Konflikt beruht auf der Tatsache, dass kriminelle Ansteckung nur durch strikte Trennung bei Tag und Nacht zu erreichen wäre, dass in der Anstalt aber Platzmangel herrscht und deswegen mehrere Jugendliche in Gemeinschaftszellen untergebracht werden, auch um Suizidversuche zu unterbinden. Ein Interorganisationskonflikt besteht z.b. darin, dass eine Arrestanstalt nicht unabhängig von einer benachbarten Justizvollzugsanstalt handeln kann, sondern organisatorisch eng verbunden ist und dann als kleine Anstalt bei der Zuteilung von Ressourcen benachteiligt wird.

Ein weiterer Aspekt ist das „Organisationsklima", das auch als Summenvariable angesehen wird. Dieses scheint abhängig zu sein vom/von: (1) praktizierten Führungsstil, (2) organisatorischen Reglementierungen, (3) Grad der Entscheidungsfreiheit der Mitarbeiter, (4) Grad der Unterstützung gegenüber den Mitarbeitern, (5) der Wahrnehmung des vorhandenen Organisationsklimas. (5)

Studien ergaben, dass nur ein spezifisches Organisationsklima qualitativ höhere und bessere Arbeitsleistungen (hier: Behandlungserfolge) erbringen kann.

Ein Mitarbeiter einer Organisation nimmt an Veränderungen am Arbeitsplatz aktiv teil. Dabei gibt es zwei Konzepte der Einflussnahme: 1. Prozess des „human engineering" (= Veränderung und Anpassung von Arbeit und Arbeitsplatz an das Potential und die Grenzen der menschlichen Arbeitskraft) und 2. Trainingsprozesse (Entwicklung der fachlichen Fähigkeiten der Mitarbeiter). (6)

Die physische und organisatorische Ausgestaltung einer Arrestanstalt ist kaum zu verändern, d.h. der Arbeitsplatz ist nur begrenzt an das Potential der Mitarbeiter anzupassen. Diese müssen z.B. mit einer immer problematischeren Klientel zurecht kommen. Die Weiterentwicklung fachlicher Fähigkeiten ist ebenfalls nur begrenzt möglich. Auch ein optimal ausgebildeter Mitarbeiter des Allgemeinen Vollzugsdienstes ist oft durch die Organisation überfordert: Arrestanten von 14 bis 20 Jahren, ständige Fluktuation (Freizeitarrestanten, solche mit einer, zwei, drei und vier Wochen Dauer, ausländische Arrestanten mit geringen deutschen Sprachkenntnissen, weibliche Jugendliche).

Ein weiterer relevanter Aspekt innerhalb von Organisationen ist die Motivation. Neben der „extrinsischen Motivation" durch die Bezahlung, Arbeitsplatzsicherheit, Arbeitsbedingungen) gibt es noch die „intrinsische Motivation"; das sind Bedingungen, die Menschen motivieren und ebenfalls zu einer besseren Arbeitsleistung führen wie: Anerkennung, Verantwortung, inneres Interesse an der Arbeit und persönlich geistiges Wachstum.

Sind diese Bedingungen nicht vorhanden, bewirkt das zwar keine hohe Unzu-friedenheit, aber die Organisationsmitglieder sind auch nicht hoch motiviert. (7)

Man hat verschiedene Modelle von Motivationen entwickelt, so das Modell der Bedürfnishierarchie. Es geht davon aus, dass die Menschen eine Reihe von Elementarbedürfnissen haben, nach deren Befriedigung sie streben. Das Modell wurde in empirischen Untersuchungen nicht bestätigt, wird aber überall erwähnt, weil es vordergründig einleuchtend wirkt. (8)

Während bei diesem Modell das Individuum erst ein Bedürfnis befriedigt haben muss, um zum nächsten zu gelangen, wird in einem anderen Modell eine „Frustrations-Regressions-Komponente" eingeführt.

Diese Theorie geht nicht davon aus, dass die Bedürfnisse der unteren Ebene zuerst erfüllt sein müssen, sondern die Bedürfnishierarchie arbeitet auch in umgekehrter Richtung, d.h. falls die Bedürfnisbefriedigung der oberen Ebenen blockiert ist, wird das niedere Bedürfnis aktiviert. (9)

Ist es in einer Arrestanstalt nicht möglich, differenziert auf Arrestanten einzu-gehen, (z.b. aufgrund einer Arbeitsüberlastung ist keine Zeit für eine begründete Behandlung) kann sich die Motivation nur darauf konzentrieren, äußere Gegebenheiten wie Essen, Freizeitangebote (Fernsehen) bereitzustellen.

Die Bedürfnismodelle ignorieren aber die kognitiven Anteile des menschlichen Verhaltens. In den Instrumentalitäts- oder Erwartungstheorien werden sie dagegen berücksichtigt. Diese Theorien nehmen an, dass Individuen nur dann handeln, wenn etwas damit zu erreichen ist, wenn es für sie Wert besitzt, d.h. die Handlungen werden damit instrumentell. (10) Was haben aber die Mitar-beiter davon, wenn Arrestanten nicht mehr rückfällig werden? Erhalten sie eine Belohnung vom Arbeitgeber?

Im Gegensatz zu den Instrumentalitätstheorien befassen sich die „Balance Theorien" mit interindividuell angestellten Vergleichen. Diese Motivations-theorien gehen davon aus, dass Verhalten durch Anstrengungen der Person eine interne „Balance" zu finden, aufrechterhalten wird.

Die „Equity" Theorie ist die bekannteste Balance-Theorie. Bei dieser Theorie wird angenommen, dass Organisationsmitglieder zwischen ihren Bemühungen, den dafür erhaltenen Belohnungen und den Belohnungen ihrer Kollegen in der gleichen Situation Vergleiche anstellen. (11)

Die Equity-Theorie nimmt, nach Aronson, für sich in Anspruch, Voraussagen über das Verhalten von Personen in sozialen Beziehungen zu machen. Soziale Beziehungen werden als „Austauschbeziehungen" verstanden. Es wird davon ausgegangen, dass das Verhalten von Personen davon abhängt, wie diese die Gerechtigkeit eines sozialen Austausches bewerten. Personen haben danach das Ziel, lohnende und faire Beziehungen zu erreichen. Sie versprechen sich aus einer Interaktion einen „Gewinn".

Absolute Gewinngleichheit stellt für alle am Austausch Beteiligten das angestrebteste Interaktionsergebnis dar. Hier kommt auch das Prinzip der „norm of reciprocity" oder die „Goldene Regel" zum Tragen: Die Personen sind bestrebt, sowohl die positiven als auch die negativen Verhaltensweisen ihrer Interaktionspartner entsprechend zu erwidern. Diese Prinzipien gelten für alle Organisationsmitglieder, d.h. Mitarbeiter und Arrestanten.

Wenn das Verhältnis zwischen den eigenen Anstrengungen (in einer Organisation) und den erhaltenen Belohnungen dem anderer Personen in gleicher Arbeitssituation entspricht, wie oben ausgeführt, so ist die Balance bzw. das Gleichheitsprinzip gewährleistet. Spannung innerhalb der Organisation entsteht, wenn die beiden Verhältnisse ungleich sind.

Aspekte dieser Theorie finden sich permanent in jeder Anstalt. Bei den Mitarbeitern geht es darum, wer mehr oder weniger arbeitet bzw. belastet ist. Beispiele aus einer Anstalt: a) Der Sozialarbeiter/-pädagoge („Fürsorger") wird vom Allgemeinen Vollzugsdienst als „Für-Sich-Sorger" bezeichnet. b) Die Arrestanten achten darauf, wer von bestimmten Mitarbeitern bevorzugt wird.

Die Austauschtheorie erklärt auch, dass Personen der höheren Berufsebenen (in einer Anstalt z.B. der Vollzugsleiter) ein höheres Maß an Arbeitszufriedenheit aufweisen als Mitarbeiter aus unteren Ebenen.

Der Arbeitende sollte das Gefühl haben, Sinnvolles zu leisten, um mit seiner Tätigkeit zufrieden zu sein. Generell sind für eine hohe Arbeitszufriedenheit wichtig: angemessene Anforderungen; Erfolgsgefühle; ein adäquates Entlohnungssystem; ein Führungsstil, der Selbstverantwortung und Eigeninitiative fördert; positives Feedback durch Vorgesetzte und Kollegen. (12) Eine ebenso starke Bedeutung kommt dem positiven Feedback zu. Die verbale Anerkennung des Mitarbeiters durch Vorgesetzte, Kollegen etc. beeinflusst sehr stark die Arbeitszufriedenheit. (13)

In den Arrestanstalten ist es aber schwer, Prinzipien der Organisationsentwicklung zu berücksichtigen.

4.2. Organisationsstruktur und Vollzugspraxis

Die Organisationsstruktur der Anstalten ist ein weiterer Problembereich. Sie wird der Eigenständigkeit des Arrestsystems nicht gerecht. Es gibt eine Reihe von Anstalten, die – wie erwähnt - organisatorisch an eine Justizvollzugsanstalt (JVA) angebunden sind bzw. in unmittelbarer Nachbarschaft einer JVA liegen. Die Feststellung des Gutachtens von 1989 hat auch heute noch Gültigkeit:

„Es gilt unverändert das Faktum, dass der Jugendarrest im Bundesgebiet in alten Gerichtsgefängnissen oder in neu gebauten Arrestanstalten mit Gefängnischarakter vollzogen wird. An der provisorischen Situation des Arrestes seit 1940 hat sich im Grunde nichts geändert. An keinem Ort wurde dem Grundgedanken des JA Rechnung getragen, ihn vom Strafvollzug äußerlich wie innerlich zu trennen. Die Anstalten verfügen alle über Zellen, die denen von Justizvollzugsanstalten entsprechen....Es soll nicht verschwiegen werden, dass es kleinere bauliche Verbesserungen gibt, die alle zum Ziel haben, die erzieherische Ausgestaltung... zu verbessern..." (14)

Nach Änderung der JAVollzO ist es möglich, den Vollzug teilweise auch in freien Formen bzw. außerhalb des Gebäudes einer Anstalt zu durchzuführen. Das führte in einigen Anstalten zu kreativen erlebnispädagogischen Ansätzen.

Der Arrest wurde danach zunehmend weniger in Einzelhaft vollstreckt. Das ist daran auch abzulesen, dass die Zahl der „Gemeinschaftszellen" in den Anstalten zunahm. Es gab Anstalten, die kaum noch über Einzelzellen verfügten, doch wurde die Einzelunterbringung bei Nacht noch nicht völlig aufgegeben. Die Anzahl der Gruppenräume nahm ebenfalls zu, doch handelte es sich oft nur um die Zusammenlegung von Zellen oder um Kellerräume. (15)

Wie an anderer Stelle schon erwähnt, wird die Lockerung des Vollzuges (= Gemeinschaftsunterbringung bei Tag und Nacht) aus organisatorischen Gründen ausgeweitet. Die Folge davon ist eine Vernachlässigung einer gezielten Behandlung. Die Arrestanten haben dann wenig Interesse, wenn sie – aus ihrer Sicht – eine Art „Hotelvollzug" genießen können. Erst wenn man sich, wie oben verdeutlicht, mit ihnen gezielt auseinandersetzt, d.h. Behandlungsprogramme durchführt und sie sich davon auch im Vollzug „Vorteile" (z.B. Gemeinschaftsunterbringung) versprechen, sind sie an einer Mitarbeit interessiert.

Aus diesem einfachen Sachverhalt, den jeder nachvollziehen kann, wird deutlich, wie bedeutsam die interne Vollzugsstruktur für einen Erfolg im Sinne der „Resozialisierung" ist. (16)

4.3. Vollzugspraktische Probleme anhand von Beispielen

Mit der Überschrift „Freizeit hinter Gittern" beschreibt ein Schüler nach einer Besichtigung in einem Zeitungsartikel den Freizeitarrest. Umschreibung des Arrests: „Auf ein besseres Leben hoffen; Zelle, Essen, Zelle, Aufschluss, Zelle: Die Zeit im Jugendarrest soll junge Täter abschrecken". Der Artikel gibt den Eindruck des Schreibers vom Arrest und einem Gespräch mit dem Vollzugsleiter wieder, der alle wichtigen Aspekte zutreffend schildert. (17)

Die Beschreibung einer Freizeitarrestzelle: „Wenn die Zellentür…aufschwingt, fällt der Blick sofort auf das graue Metallbett rechts an der Wand, über dessen Ende eine Wolldecke hängt. Darüber ist ein Regal befestigt, in dem schlichte blaue Bettwäsche sowie Decke und Kopfkissen liegen. Am Ende des kleinen schmalen Raumes, den man mit fünf großen Schritten durchqueren kann, ist ein in Holz gerahmtes vergittertes Fenster eingebaut.…Ein Tisch mit Holzplatte und ein Stuhl füllen die linkte hintere Ecke der Zelle aus. Gegenüber dem Bett sind ein Porzellanwaschbecken, eine Ablage und ein Spiegel angebracht, direkt daneben befindet sich die mit einem Sichtschutz abgetrennte Toilette." (18)

Nach dieser etwas ungewöhnlichen Einführung in die Arrestrealität sollen nun einige Beispiele Probleme des Alltags verdeutlichen, wo die Schwierigkeiten im Vollzug zu finden sind. Dabei spielt die Vollzugsdifferenzierung bei den unterschiedlichen Gruppen der Arrestanten eine zentrale Rolle.

In einer Arrestanstalt befinden sich unterschiedliche Gruppen, auf die schon hingewiesen wurde. Damit stellt sich zuerst ein organisatorisches Problem. Die Arrestanten werden zum Arrestantritt zu verschiedenen Zeiten geladen und sie werden zu unterschiedlichen Zeiten wieder entlassen, d.h. in einer Anstalt herrscht ein tägliches Kommen und Gehen.

Die Freizeitarrestanten finden sich am Wochenende ein, für sie müssen während der Woche Plätze freigehalten werden. Kurz- und Dauerarrestanten mit einer Dauer von einer bis vier Wochen sowie Mädchen und junge Frauen mit ebenfalls analoger unterschiedlicher Arrestdauer müssen untergebracht werden, d.h. es stellt sich ein organisatorisches Problem, unabhängig von der persönlichen Problematik der Jugendlichen. Eine große Gruppe stellen auch die Beuge- oder Ungehorsamsarrestanten dar. Sie werden oft von der Polizei vorgeführt.

Bei Anstalten von maximal 30-40 Plätzen ist so auf den ersten Blick ersichtlich, dass eine konzeptionelle Arbeit sehr erschwert, wenn nicht unmöglich ist. Man kann unschwer erkennen, dass der geplante „Warnschussarrest" allein aus organisatorischen Gründen sinnlos ist.

Da die Unterbringung aus Platzgründen nicht getrennt möglich ist, wird eine Differenzierung ebenfalls erschwert wenn nicht unmöglich. Im Gutachten 1989 wurde auf die Probleme schon hingewiesen und festgestellt, dass die Praxis der gemeinschaftlichen Unterbringung (z.b. Vorbestrafte über 18jährige mit Jugendlichen) schädlich ist. Die Kritik an solchen Zuständen kommt auch von den Arrestanten selbst. (19)

Ein weiterer thematischer Schwerpunkt ist die Arbeit im Vollzug. In jeder Anstalt wird gearbeitet. Da aber meistens nicht genügend Arbeit für alle vorhanden ist und ein großer Anteil der Tätigkeiten in Gemeinschaft erfolgt, stellt die Teilnahme eine Privilegierung dar. Obwohl die Arbeiten keinen großen pädagogischen Wert haben, können sie helfen, den Tagesablauf zu gestalten.

Die Arbeit nimmt einen zentralen Stellenwert ein. Dabei können nur einfach zu erlernende Montage-, Sortier- und Verpackungsarbeiten durchgeführt werden. Die Vollzugslockerungen führen auch dazu, dass die Arbeit in Gemeinschaft erfolgt.

Im Gutachten wird die Konzeptionslosigkeit der Arbeiten beklagt, d.h. sie sind nicht in ein übergreifendes sozialpädagogisches Konzept eingebunden. Um dies zu verdeutlichen, werden einige Beispiele aus der Arrestpraxis dargestellt.

(1) Die DA arbeiten auf der Zelle, teilweise in Gemeinschaft. In der Zelle gibt es ab dem 4. Tag Arbeit.

(2) Die weiblichen Probanden sind ab dem 4. Tag in Gemeinschaft und arbeiten. Die tägliche Arbeitszeit beträgt 3-4 Stunden und wird lediglich als zusätzliche Beschäftigungsmöglichkeit gesehen, ihr wird in der Regel kein erzieherischer Wert zugestanden.

(3) Ab dem 2. Tag wird in Gemeinschaft gearbeitet. Die Arbeitszeit beträgt täglich 7 Stunden. Bei Arbeitsmangel erhält derjenige Arbeit, der sich gut führt. Es wird täglich 5 Stunden gearbeitet. Ab dem 2. Tag erhalten die Dauer- und Kurzarrestanten Arbeit. Die Arbeit findet im Arbeitsraum und im Garten statt.

(4) Wenn Arbeit vorhanden ist, wird in Gruppen gearbeitet. Gearbeitet wird, um keine Langeweile aufkommen zu lassen. Ab dem 2. Tag wird Arbeit zugeteilt. Die Arbeitszeit beträgt 6 ½ Stunden am Tag.

(5) Das folgende Beispiel stellt eine der wenigen Ausnahmen dar: Die Probanden arbeiten aus erzieherischen Gründen. Die Arbeitszeit beträgt 7 Stunden am Tag. Sie beginnt am 2. Tag auf der Zelle und in Gemeinschaft ab dem 8. Tag.

Es werden Außenarbeiten (Holzarbeiten und Arbeiten im Park) durchgeführt und dort nur solche Arrestanten eingesetzt, die nicht vorgeführt wurden. Die Arbeit soll handwerkliche Fähigkeiten vermitteln. In der Anstalt verrichten die Jugendlichen Holzarbeiten und außerhalb Gartenarbeiten. (20)

Zum Abschluss folgen noch einige Stellungnahmen zur Arbeit aus Tagebüchern der Jugendlichen:

„Jeden Tag arbeiten, das ist das wichtigste, damit alles schnell umgeht." „Nach dem Frühstück durfte ich sofort arbeiten." „Wir haben jetzt 9 Uhr und ich muß noch bis 11 Uhr warten bis ich wieder ein bischen arbeiten kann."

„Die Woche ist relativ schnell rumgegangen weil ich ja seit Dienstag am Arbeiten bin. Da denkt man nicht intensiv nach weil man ja nicht in der Zelle ist sondern drausen." (21)

Die bedeutsamste Vollzugskomponente sind die Mitarbeiter der Anstalt. Ihre Zahl hat sich im Durchschnitt von 1977 bis 1989 verdoppelt. Zu diesem Zeitpunkt gab es etwa 10 Mitarbeiter in einer Anstalt. Erzieherisches Personal, d.h. ein Sozialarbeiter/ -pädagoge arbeitete 1986 in etwa der Hälfte der Anstalten.

Psychologen wurden zu diesem Zeitpunkt nur als nebenamtliche Vertragskräfte beschäftigt. Die Anzahl ehrenamtlicher Mitarbeiter war gestiegen. Die Situation der Fachkräfte ließ 1989 aber nur in Ausnahmefällen eine qualifizierte strukturierte Arbeit zu, d.h. eine geplante konzeptionelle, theoretisch fundierte Behandlung war nicht möglich. Es fehlte zu diesem Zeitpunkt auch eine auf die Arbeit zugeschnittene Fortbildung für die Mitarbeiter, auch der des Allgemeinen Vollzugsdienstes.

Die Arrestkonzeption wird in dem Gutachten 1989 wie folgt charakterisiert: „Die derzeitige Arrestkonstruktion mit einem Juristen als Anstaltsleiter wird eine erzieherische Umgestaltung des Vollzuges nicht bewirken können." (22)

Die Vollzugsleiter führen die Anstalt in der Regel nur im Nebenamt, denn sie sind hauptamtlich Jugendrichter vor Ort. Eine erzieherische Ausgestaltung des Arrestvollzuges kann bei dieser Struktur von ihnen kaum erwartet werden. Dazu kommt, dass es grundsätzlich schwierig ist, rechtliches und psychologisch-pädagogisches Gedankengut in Einklang zu bringen. Rechtliche und vollzugspraktische Fragen dominieren den gesamten Arrestbereich.

Die neben- und ehrenamtlichen Mitarbeiter führen meistens gesonderte Veranstaltungen durch, die mit einer möglichen pädagogischen Ausrichtung des Vollzuges nicht oder nur marginal im Zusammenhang stehen. (23)

Allerdings sehen Vollzugsleiter die Arrestsituation durchaus auch kritisch, wenn sowohl die Verurteilungspraxis („verfehlte Spruchpraxis") als auch die Fehleinschätzung der erzieherischen Möglichkeiten des Arrests beanstandet werden. Die folgende Einschätzung eines langjährigen Vollzugsleiters einer Arrestanstalt trifft den Kern der Kritik an der Praxis:

„Der Arrest kann weder die Funktion einer Jugendstrafe, noch die einer Therapieeinrichtung übernehmen. Ebensowenig ist er eine `Sammelstelle` für diejenigen Verurteilten, bei denen sich letztlich alle sogenannten „ambulanten Maßnahmen" als ergebnislos erwiesen haben. Es bedarf daher eines dringenden Appells an die Spruchpraxis, sich bei der Verhängung von Arrest wieder mehr auf die gesetzlichen Kriterien zu besinnen..." (24)

Die Aktivitäten in den Anstalten umfassen z.B. auch folgende Veranstaltungen: Veranstaltungen mit spezifischer Thematik: Suchtproblematik, „Erste-Hilfe-Kurse", Verkehrsunterricht; Werk- und Bastelkurse; aktions- und erlebnispädagogische Ansätze, z.B. Rad- und Wandertouren; Sport; „Krafttraining".

Durch die täglichen Tagebucheintragungen der Jugendlichen ist zu erfahren, dass die Angehörigen des Allgemeinen Vollzugsdienstes einen zentralen Stellenwert für die Wirkung des Arrests haben dürften. Von allen personellen Kontakten der Arrestanten scheinen diese Mitarbeiter am wichtigsten zu sein. Mit aus diesem Grund sollten sie für ihre Aufgaben eine gute Fortbildung erhalten. Durch ihr Verhalten geben sie positive oder negative Beispiele ab.

Die verbreitete Praxis der gemeinschaftlichen Unterbringung widerspricht allen Regelungen, die eine kriminelle Ansteckung vermeiden sollen. Bei einem Teil der Jugendlichen verletzt sie auch deren menschliche Würde, da sie es nicht ertragen, mit fremden Menschen auf engem Raum eingeschlossen zu sein. Eine Fortentwicklung des Vollzuges auf Tagungen der Vollzugsleiter befasst sich oft nur mit vielen vollzugspraktischen Kleinigkeiten. So trugen z.B. Mitarbeiter im Allgemeinen Vollzugsdienst Uniform, weil sie nur dann Kleidergeld erhielten.

Zusammenfassend wird zum Vollzug ausgeführt: „Alle Ergebnisse... geben Hinweise darauf, dass der Arrestvollzug sich bundesweit in einer Krise befindet, in einer „Identitätskrise". Er soll erzieherisch gestaltet werden, die Beteiligten wissen aber nicht, was das bedeutet und wie sie dies bewältigen sollen. Nicht nur durch die personellen Gegebenheiten sondern auch durch die materielle Lage der Anstalten ist der Handlungsspielraum der Beteiligten äußerst eng. Zusätzlich wird von außen Druck auf das System des Arrestes durch die Weiterentwicklung der „Sozialen Trainingskurse" ausgeübt bzw. von dieser Seite massiv Kritik am Arrest geübt." (25)

4.4. Vollzug an Frauen und Mädchen

Die Verurteiltendaten 1986 belegen eine Benachteiligung von jungen Frauen und Mädchen in einigen Bundesländern (z.b. Saarland), besonders aber in den Stadtstaaten (Berlin, Hamburg, Bremen). Sie sind überproportional häufiger im Arrest zu finden als es ihrer Verurteiltenquote entspricht. In der damaligen Untersuchung waren nur in den Flächenstaaten Baden-Württemberg und Schleswig-Holstein die jungen Frauen etwas unterrepräsentiert. (26)

Der Anteil der Beugearrestanten ist bei den jungen Frauen größer, die gerichtliche Vorbelastung auffällig geringer. In einer Arrestanstalt befinden sich gleichzeitig nur wenige junge Frauen. Sie werden meistens von den männlichen Arrestanten getrennt und aus diesem Grund im Vollzug stärker sozial isoliert. Es besteht auch die Gefahr, dass sie als „Sexualobjekte" angesehen werden. Die soziale Isolation trägt auch dazu bei, dass die jungen Frauen stärker unter einer erkennbaren psychischen Belastung (psychosomatische Symptome) leiden.

Diese Gruppe ist in ihren sozio-psychischen Merkmalen stärker belastet, in strafrechtlicher Hinsicht dagegen gering. Der Arrest wird oft nur verhängt, weil die jungen Frauen Auflagen und Weisungen des Gerichts nicht nachgekommen sind. Eine Vollstreckung von Dauerarrest bei Müttern, die Kleinkinder zu Hause haben, wie bei den Erhebungen zu beiden Gutachten deutlich wurde, sollte unterbleiben.

Die Frauen und Mädchen sind also durch eine Verhängung von Dauerarrest in mehrfacher Hinsicht benachteiligt. Sie stellen eine psychisch problematischere Gruppe als die der jungen Männer dar und müssten deshalb in einer Arrestanstalt eigentlich intensiver betreut werden.

In der Praxis ist aber das Gegenteil der Fall. Man sollte deshalb auf eine Verhängung von Dauerarrest verzichten und im Regelfall auf den Freizeit- oder Kurzarrest zurückgreifen bzw. wenigstens eine spezielle Abteilung in einer Anstalt einrichten.

„In den Fällen, bei denen auf den Dauerarrest nicht verzichtet werden kann, müsste unbedingt erreicht werden, dass die Mädchen zu einer bestimmten Zeit gemeinsam geladen werden." (27)

In dem Gutachten von 1989 wurde angeregt, wenige länderübergreifende Anstalten für die jungen Frauen einzurichten (z.B. eine Anstalt für Nordwürttemberg, Südhessen, den Süden von Rheinland-Pfalz und das Saarland), um eine qualifizierte Betreuung zu gewährleisten. Die Literatur der letzten 20 Jahre gibt aber keine Hinweise auf eine Verbesserung der dargelegten Situation.

4.5. Daten zu den Arrestanstalten

Die Arrestdauer) variiert zwischen und in den Bundesländern. In der Erhebung der Dauerarrestanten 1986 (N= 531) gab es 18% mit einem Dauerarrest von einer Woche, 1.5% mit einem Arrest von 10 Tagen und 36% mit einem von zwei Wochen. Die längeren Arreste von drei und vier Wochen beliefen sich auf 22% bzw. 21%. (28)

Die Anstalten und deren Belegungskapazitäten veränderten sich in der Zeit von 1974 bis 2009 laufend, parallel zu der Anzahl der Verurteilten und dem Anteil der Arreste laut Beschluss. Aber auch justizpolitische Entscheidungen, unabhänig von den jeweiligen Urteilen und Beschlüssen der Gerichte, spielten eine Rolle, z.B. Veränderungen der Einzugsbereiche durch geänderte Vollstreckungspläne. So haben im Zeitraum von 1974 bis 1986 die Kapazitäten der Anstalten in Nordrhein-Westfalen stark zu- und in Bayern stark abgenommen.

Die durchschnittliche Belegungskapazität der untersuchten Anstalten lag 1977 bei 28.6 und 1989 bei 37.6 Plätzen. Die Unterbringung erfolgte vorwiegend in Einzelzellen, aber die Zahl der Gemeinschaftszellen ist, wie erwähnt, angestiegen, der Jugendarrest wird zunehmend weniger in Einzelhaft vollzogen. (29)

In den vergangenen Jahrzehnten wurden permanent Anstalten geschlossen und weitere dafür neu eröffnet. Diese organisatorischen Veränderungen der jeweiligen Arrestsysteme in den einzelnen Ländern sind für eine kontinuierliche erzieherische Weiterentwicklung des Vollzuges nicht förderlich.

Die Organisationsstrukturen zeichnen sich deshalb dadurch aus, dass der Schwerpunkt der Anstrengungen im Wesentlichen darauf gerichtet ist, die Unterbringung der Jugendlichen lediglich einigermaßen zu gewährleisten. Dabei ist auch die organisatorische Selbständigkeit und Handlungsfähigkeit vieler Anstalten dauerhaft gefährdet, denn viele hängen, wie erwähnt, personell und organisatorisch von benachbarten Justizvollzugsanstalten ab. (30)

Die Unterbringung der Jugendlichen lässt insgesamt Rückschlüsse auf die interne organisatorische Gestaltung der Anstalten zu. Da eine empirische Untersuchung des Arrestsystems nach 1989 fehlt, wird auf das Ergebnis der Studie des Gutachtens zurückgegriffen.

„Es zeichnet sich…eine Zweiteilung der Vollzugspraxis ab: Eine Gruppe von Anstalten hat das Prinzip der Einzelunterbringung bei Nacht aufgegeben, die andere nicht. Hier deuten sich schon grundlegende Unterschiede in der Vollzugskonzeption an." (31)

4.6. Merkmale der Jugendarrestanten

Die Darstellung einiger Merkmale soll dem Leser lediglich einen Überblick über äußerliche Merkmale der Täter geben. Psychologische Aspekte können hier nur sehr begrenzt wiedergegeben werden und es wird auf die ausführlichen Darstellungen der beiden Gutachten verwiesen.

4.6.1. Delikte

Zunächst folgt eine Übersicht über die häufigsten Delikte + Beschlüsse. Die Zahlen der Freizeitarrestanten werden in Klammern aufgeführt. (1) Diebstahl 38.0% (37.9); (2) Nichterfüllung einer Auflage (Beschluss) 17.6% (10.4); (3) Körperverletznng, Widerstand 10.3% (12.4); (4) Fahren ohne Führerschein 6.8% (12.8); (5) Trunkenheit am Steuer 3.4% (1.3) und (6) Raub, Erpressung 3.2% (1.0). (32)

4.6.2. Vorbelastung

Riechert-Rother referiert kursorisch die Forschungsergebnisse über personenbezogene Merkmale der Arrestanten. Sie bezieht sich dabei vorwiegend nur auf äußerliche Merkmale, wie sie typischerweise in kriminologischen Arbeiten erhoben werden und den Zeitgeist und dessen kriminalpolitische Ausprägung widerspiegeln.

Prinzipiell kann man feststellen, dass Jugendliche mit sozialen Belastungen sich im Dauerarrest konzentrieren. Das sind diejenigen, die von ihren Merkmalen her für den Arrest „ungeeignet" sind.

Die Problematik der Klientel spiegelt sich auch in deren Vorbelastungen. Die meisten Dauerarrestanten hatten schon mehrere Verurteilungen, darunter war ein erheblicher Anteil, der schon zu Jugendarrest verurteilt worden war. Ein relativ großer Anteil (5-11%) war schon zu Jugendstrafe mit Bewährung verurteilt worden.

„Die beim Dauerarrest zudem zu beobachtenden sehr hohen Quoten der früher bereits zu Jugendarrest verurteilten Jugendlichen und Heranwachsenden zeigen, dass sich die Praxis auch insoweit nicht an die offizielle Arrestideologie, so wie sie in den bis 1994 geltenden Richtlinien festgeschrieben war, gehalten hat."(33)

Die Quote der Arrestanten mit Vorbelastungen ist seit der ersten Untersuchung seit 1974 angestiegen. Bei den Dauerarrestanten hat sie sich bis 1986 um 14% erhöht. Der Anteil der Ersttäter war äußerst gering.

Unter den Dauerarrestanten befanden sich 1986 viele mit erheblichen vorherigen Verurteilungen, die bei den Freizeitarrestanten hauptsächlich aus Weisungen und Auflagen bestehen. Unter den Freizeitarrestanten waren 1986 nur einige, die bereits zu Jugendstrafe verurteilt wurden.

Der Anteil der schon mehrfach Vorbelasteten belief sich auf nicht mehr als 10-20%. Bei den Dauerarrestanten sah dies damals wesentlich ungünstiger aus. Der Anteil der zu Jugendstrafe verurteilten Arrestanten lag dort etwa bei 15-20%.

Zwischen den Anstalten bestanden größere Diskrepanzen. Der Anteil der schon mehrfach Vorbelasteten (zum Teil bis zu 10 Vorverurteilungen) erreichte in einigen Anstalten 40%! Der Anteil der kürzeren Arreste überwog, 3- bis 4-wöchige Zeiten waren seltener. Auch bei dieser Untersuchung bestätigte sich die höhere psychosoziale Belastung der Beugearrestanten. (34)

Obwohl die Untersuchung 1974 schon die psychosoziale Belastung berücksichtigte, wurde die Vergleichsstudie von 1986 noch stärker unter stresstheoretischem Aspekt ausgewertet.

Die Untersuchung wurde an 1215 Jugendlichen aus 14 Anstalten durchgeführt. Bei allen Ergebnissen zeigten sich große regionale Unterschiede (eine Ausnahme bilden die psychologischen Ergebnisse).

Justizdaten und soziale Daten belegen, dass man in dieser Hinsicht nicht von regionalen Ergebnissen auf allgemein gültige Erkenntnisse schließen kann. Die Situation in Ballungsgebieten ist mit derjenigen von ländlichen Gebieten nicht vergleichbar; ebenso findet sich ein Nord-Süd Unterschied in den alten Bundesländern.

Insgesamt kann festgestellt werden, dass sich 1986 nur noch ein geringer Anteil derjenigen im Jugendarrest befand, für die der Arrest eigentlich konzipiert wurde. Es handelt sich um die Gruppe der „Gutgearteten", das dürften zum großen Teil diejenigen sein, die derzeit mit den Neuen ambulanten Maßnahmen bedacht werden.

Damit hatte der Arrest in der jetzigen Konzeption keine geeignete Klientel mehr.

4.6.3. Besondere Problemlagen

Die beiden Untersuchungen belegen, dass bei einer großen Gruppe Störungen in der Familie vorhanden waren, unabhängig, ob diese sich dann nach außen manifestierten. Aus den Daten ist abzuleiten, dass mangelnde Geborgenheit und frühkindliche Stresserlebnisse (z.B. Misshandlungen) vorlagen. Bei solchen Störungen kann nicht davon ausgegangen werden, dass die Jugendlichen und Heranwachsenden von selbst zu einer Aufarbeitung ihrer Probleme in der Lage sind. Durch eine reine Einsperrung ist keine Abhilfe zu erwarten. Die psychosozialen Merkmale der Arrestanten boten das gleiche, doch eher noch ungünstigere Bild wie in den siebziger Jahren. Die Familiensituation war bei einem großen Teil äußerst problematisch.

Die Probleme zeigten sich 1986 auch bei der Schulsituation und der Berufs-bildung. Von den Dauerarrestanten besuchten 23.3% die Sonderschule und 52.4% die Hauptschule. Es erwies sich auch, dass 41% nicht über einen Schul-abschluss verfügten. 43% hatten drei- und mehrmals die Schule gewechselt. Dafür gab es die unterschiedlichsten Gründe. Die Schulsituation signalisiert oft die Fortsetzung der Situation der häuslichen fehlenden sozialen und emotionalen Unterstützung. Leistungen können nur erwartet werden, wenn die Jugendlichen sich angenommen und unterstützt fühlen. Die berufliche Situation war ebenfalls äußerst ungünstig, denn 51% der Dauerarrestanten waren ohne Arbeit. Nur ein geringer Prozentsatz (unter 10%) verfügte über eine abgeschlossene Berufsaus-bildung, 45% hatten drei und mehr Arbeits- bzw. Lehrstellen. Damit war die Situation durch eine geringe berufliche Integration gekennzeichnet. Bei der Gruppe der Frauen sah das Bild noch ungünstiger aus: 80% waren arbeitslos. Es ist deshalb notwendig, während der Arrestzeit Trainingsprogramme durchzu-führen, die im Leistungsbereich Erfolgserlebnisse ermöglichen. In diesem Zusammenhang ist die Berufsproblematik lediglich eine Fortsetzung der Schul-probleme. Aufgrund geringer Motivation wurden die Versuche, eine Ausbil-dung zu absolvieren, resignierend wieder aufgegeben.

Die Beeinträchtigungen durch Krankheiten und Unfälle sind bisher in den Überlegungen zum Arrest nicht berücksichtigt worden. Die Anzahl der Kran-kenhausaufenthalte war beträchtlich. 58.2% konnten wegen einer Krankheit längere Zeit nicht zu Schule gehen und 37.7% deswegen längere Zeit nicht arbeiten. 24.8% gaben an, noch heute unter den Folgen einer Krankheit zu leiden. Ein hoher Prozentsatz (33.3%) hatte öfter einen Unfall. In diesem Zusam-menhang gehören auch Beeinträchtigungen des Familienlebens durch Krank-heiten der Eltern: 45% gaben an, der Vater sei längere Zeit krank gewesen. Das Selbstbild der Gruppe von 1989 war negativ. Tendenzen werden sichtbar, die auf Kriminalisierungseffekte hinweisen. 42% fühlten sich bei ihren Problemen oft alleingelassen.

4.7. Die Wirkungen des Arrests aus psychologischer Sicht

Die Wirkung des Jugendarrests kann aufgrund der Vollzugssituation insgesamt nur als negativ bezeichnet werden. 1986 wurde keine spezifische Rückfalluntersuchung durchgeführt. Die Einschätzung geht dahin, dass die Rückfallquoten in Abhängigkeit von den schon 1977 belegten Zusammenhängen mit den psychosozialen Merkmalen mit großer Wahrscheinlichkeit wesentlich höher liegen. Denn man kann nochmals generell feststellen: je ungünstiger die psychosoziale Lage der Arrestanten, umso höher die Rückfälligkeit.

Dies hat aber nichts mit den spezifischen Arresteffekten zu tun. Der Arrest entfaltet eine eigene Wirksamkeit während des Vollzuges, die von starker psychischer Belastung zu Beginn des Vollzuges zu dessen Ende hin abnimmt. Diese Arrestwirkung ist - aufgrund multivariater Analysen der Studie von 1989 - unabhängig von biographischen Merkmalen der Täter. Die Verarbeitung der Stresssituation Arrest gelingt allerdings kognitiv leistungsfähigeren Jugendlichen besser.

4.7.1. Die Wirkungen des Dauerarrests

Generell führt die Haft im Dauerarrest zu psychischen Belastungen. Diese Tatsache lässt sich aus den verschiedensten Anzeichen ablesen, von denen wiederum einige in diesem Buch erwähnt sind. Die hartnäckige Ignoranz mit der diese Ergebnisse in der kriminologischen Literatur ausgeklammert wurden, provoziert an dieser Stelle eine erneute Darstellung.

Schon im ersten Gutachten (1977) wurden die Auswirkungen der Belastung ausführlich dokumentiert und in die Ergebnisse des zweiten Gutachtens (1989) einbezogen. Die Belastung bzw. die Stresswirkung lässt sich zu beiden Zeiten an einem hohen Wert der psychosomatischen Beschwerden ablesen, der aber 1989 noch höher als 1977 war. Auch das Aggressionsniveau war 1989 höher. Die Depressivitätswerte lagen zu Beginn der Haft in beiden Erhebungen gleich hoch und nahmen im Verlauf ab. Die „Reizbarkeit" war 1977 weitaus geringer, die Frustrationstoleranz dagegen höher.

Die Tatsache, dass sich die Werte im Laufe des Vollzuges 1977 verbessert haben, 1989 dagegen nicht, lässt sich nur dahingehend deuten, dass sich zum ersten Zeitpunkt eine psychisch weniger belastbare Klientel im Vollzug befunden hat.

Bei der zweiten Erhebung stützt auch die geringere Kontaktfreudigkeit und das geringere Selbstvertrauen der Jugendlichen diese Interpretation.

Eine auch über das psychologische Fach hinaus bekannte Verhaltenseigenschaft, die „Extraversion", ist 1989 noch ausgeprägter festzustellen.

Die der Extraversion entsprechenden Verhaltensweisen nahmen generell im Verlauf des Arrests zu, wobei die Werte zu Beginn der Haft 1989 noch höher liegen als die Werte am Ende der Haft 1977, eine weitere Bestätigung der Vermutung eine eher psychisch problematischere Population im Arrest vorzufinden.

Die psychologischen Untersuchungsergebnisse deuten auf eine Stress- oder Krisensituation zu Arrestbeginn hin, die eine „Besinnung" bei den meisten unmöglich macht. Die Arrestanten sind zu diesem Zeitpunkt aus dem psychischen Gleichgewicht gebracht.

Aus Einstellungsskalen ist ersichtlich, dass die Einstellungen der Arrestanten gegenüber sozialen Institutionen (Polizei, Jugendamt) und deren Mitgliedern in beiden Untersuchungen am Ende des Vollzuges negativer sind als am Anfang. Die Vollzugslockerungen nach Änderung der Vollzugsordnung haben hier keine Verbesserung gebracht, denn die empirischen Erhebungen des Gutachtens 1977 lagen in den Jahren vor Änderung der Arrestvollzugsordnung.

Der Arrest bewirkt bei den meisten Insassen zu Beginn einen Schock, der nach spätestens 10 Tagen durch eine Phase der Gewöhnung abgelöst wird. Je mehr psychischen Stress die Arrestanten erleben, umso weniger gut können sie die Vollzugssituation verarbeiten bzw. „ertragen". Die psychisch belasteten Jugendlichen werden durch den Arrest noch weiter belastet.

Ein Ergebnis kann klar formuliert werden: Für viele bietet die Zeit im Arrest einen Anlass, über ihr bisheriges Leben, einschließlich der Straftaten nachzudenken, wenn sie das erste Mal inhaftiert sind. Dieses Nachdenken findet aber nur in den ersten Tagen bei einer Einzelunterbringung statt. Die Einsperrung im Dauerarrest bewirkt eine Bereitschaft, neue Inhalte zu akzeptieren. Aus diesem Grunde könnte der Arrest eine Chance für einen Neuanfang sein. Neben der Einzelunterbringung erzielen aber nur qualifizierte Gruppen- oder Einzelgespräche die erwünschte Wirkung. Alle anderen Aktivitäten im Dauerarrest dienen nur dazu, über die Vollzugszeit besser hinwegzukommen.

Der Dauerarrest war und ist anfänglich durch eine starke psychische Stresswirkung gekennzeichnet, die gegen Ende zwar signifikant abnimmt, dennoch aber auf einem sehr hohen Stand bleibt. Diese künstlich entfachte psychische Krise der jungen Leute muss aber kanalisiert, d.h. die Effekte in positive Bahnen gelenkt werden.

Die Krise ermöglicht es zwar auf der Einzelzelle über das Fehlverhalten nachzudenken, doch verhindert der Stress, dass ein Ausweg selbständig gefunden wird.

Für eine wirkliche Neubesinnung fehlt im Durchschnitt den Probanden ohne fachliche Anleitung die kognitive und soziale Kompetenz.

Aus den Ergebnissen kann nur der der Schluss gezogen werden, dass der Dauerarrest mit konstruktiven Inhalten gefüllt werden muss, wie sie auch in den „sozialen Trainingskursen" angestrebt werden. Der Arrest sollte lediglich einen festen Rahmen bereitstellen, in dem eine Neuorientierung stattfinden kann.

Unter den heutigen gesellschaftlichen und organisatorischen Bedingungen und unter Berücksichtigung der Probleme der im Arrest befindlichen Klientel kann lediglich der Freizeitarrest für eine kleinere Tätergruppe („gutgeartete Täter") als geeignete Reaktion gelten.

Kern eines erzieherisch ausgerichteten Vollzuges sollte die Bearbeitung der Probleme und Konfliktlagen der Jugendlichen sein, die das abweichende Verhalten in Gang gesetzt haben. Diese Bemühungen sollten sich auf die Stärkung der Kompetenzen konzentrieren. „Stärkung" heißt: die Entwicklung emotional verankerter und tragfähiger Konflikt- und Problemlösungsmuster, der Aufbau eines positiven „Selbstkonzeptes" über sozial akzeptierte Verhaltensweisen. Die Jugendlichen brauchen auch eine Hilfestellung zur Ablösung von ihrem bisherigen psychosozialen Umfeld.

In den Arbeiten zu Selbstkonzept und Dissozialität (35) hat man sich mit zwei Aspekten befasst: der Selbstwahrnehmung und der Selbstbewertung. Ein weiterer Faktor ist die „Selbstakzeptierung".

Beim Selbstkonzept handelt es sich um die Denkschemata über die eigene Person und deren Interaktionen mit der Umwelt. Unter den Begriff des Selbstkonzepts fallen konkrete Selbstbeschreibungen und die positive oder negative Selbstwertschätzung der eigenen Person.

Die Selbstwertschätzung wird meist als emotionaler oder affektiver Teil des Selbstkonzepts angesehen. (36)

Ein positives Selbstkonzept als zentrales Persönlichkeitskonstrukt gilt neben der informellen sozialen Kontrolle durch die Familie als wesentliche Komponente einer Abwehr gegen abweichendes Verhalten.

Eine positive Selbstwertschätzung und Überzeugungen zur Selbstwirksamkeit haben sich als Schutzfaktor gegen Delinquenz erwiesen. Das positives Selbstkonzept soll „Halt" gewähren und zwar bei Frustrationserlebnissen und gegenüber der Attraktivität von delinquenten Subkulturen. (37)

Auch aus Tagebüchern der Arrestanten erkennt man die belastende Wirkung des Arrests. Die Aktivitäten im Vollzug werden von den Insassen unter der Perspektive bewertet, ob sie dazu beitragen, die Zeit schneller vergehen zu lassen. Einsamkeit und Langeweile sind von allen schwer zu ertragen. Deswegen sind die Arrestanten für alle Ablenkungen und Abwechselungen dankbar, ob es sich um Arbeit oder erzieherische Gespräche handelt.

Das Gutachten zieht aus der Auswertung der Tagebücher folgende Erkenntnisse:

---

1. Ein JA ohne Nachbetreuung erscheint bei einem großen Teil sinnlos, auch wenn er erzieherisch gestaltet wird. Dass eine Nachbetreuung notwendig wäre, spüren die Jugendlichen selbst.

Ein Beispiel aus einem Tagebuch am letzten Tag vor der Entlassung:

„Ich habe mit für morgen viel vorgenommen und war heiß dadrauf es auch zu tun, aber momentan verspüre ich eine gewisse Angst vor morgen, was wird sein wenn ich draußen bin, meine alten Probleme kommen wieder, Beruf, Schule, Geld usw." „Aber zu Hause vergisst man den Jugendarrest schnell wieder (gewohnte Umgebung, Freunde, Bekannte) und dann geht alles wieder so weiter wie vorher." (38)

---

2. Täter mit Vollzugserfahrung, Wehrdienstverweigerer und Drogenabhängige sollten nicht mit Jugendarrest belegt werden.

Die folgenden Zeilen aus einem Tagebuch verdeutlichen dieses Thema:

„Da es mir hier nicht so gefällt wegen vieler Verbote oder Einschränkungen ist mir nicht zu verübel. Das ich schon der Justizvollzugsanstalten in Düsseldorf, Wuppertal, Siegburg hinter mir habe. Wo so ein Tag Freiheitsentzug schneller und komfortable abläuft....Der große Knast wo ich zuletzt war. Hat dagegen doch echt seine Vorzüge." (39)

4.7.2. Die Wirkungen des Freizeitarrests

Die Freizeitarrestanten, die über geringere kognitive Kompetenzen verfügen, können die psychische Belastung der Einsperrung nicht so gut bewältigen. Wenn sie zusätzlich durch ihr soziales Umfeld beeinträchtigt sind, werden sie durch diese Arrestart weiter belastet.

Die Jugendlichen, die sich im Freizeitarrest befinden, sollten im Anschluss daran an einer intensiven Einzelbetreuung teilnehmen. In dem Gutachten von 1989 wird deshalb vorgeschlagen, bei solchen Jugendlichen den Freizeitarrest mit einer Betreuungsweisung zu koppeln, die aber keine Gruppenarbeit einschließt.

Wenn Freizeitarrest, dann sollten keine Kontakte zu anderen delinquenten Jugendlichen von den betreuenden Personen organisiert werden, d.h. diese Arrestform sollte den ursprünglichen abschreckenden Zweck zum Ziel haben.

Anmerkungen zu 4

(1) Eisenhardt, Strafvollzug, 1978
(2) Weinert,1981,41
(3) Weinert, 1981
(4) Weinert, 1981, 79f.
(5) Weinert, 1981
(6) Weinert, 1981
(7) Weinert, 1981
(8) Dazu zählten hierarchisch aufgebaut folgende „Elementarbedürfnisse":
1. Physiologische Bedürfnisse (Essen, Trinken, Behausung)
2. Sicherheitsbedürfnisse (Freiheit von Bedrohung und Existenznot)
3. Bedürfnisse der Zugehörigkeit/Zuneigung (Freundschaft, Liebe, Interaktion)
4. Bedürfnisse der Achtung und der Wertschätzung von sich und durch andere
5. Bedürfnisse der Selbstverwirklichung, Selbstrealisierung
(9) Weinert, 1981
(10) Weinert, 1981
(11) Müller & Grott, 1978
(12) vgl. Weinert, 1981
(13) Weinert, 1981
(14) Eisenhardt, 1989b, 108
(15) Eisenhardt, 1989b
(16) Eisenhardt, 1989b
(17) F.A.Z, 2009
(18) F.A.Z, 2009
(19) vgl. Eisenhardt, 1989b
(20) Eisenhardt, 1989b, 117
(21) Eisenhardt, 1989b, 130
(22) Eisenhardt, 1989a, 132
(23) vgl. Eisenhardt, 1989b, 111ff.
(24) Eisenhardt, 1989b, 261
(25) Eisenhardt, 1989a, 134
(26) Eisenhardt, 1989b
(27) Eisenhardt, 1989b, 89
(28) Eisenhardt, 1989b
(29) vgl. Eisenhardt, 1989b
(30) vgl. Eisenhardt, 1989b
(31) Eisenhardt, 1989b, 109
(32) Eisenhardt, 1989b
(33) Riechert-Rother, 2008, 48
(34) Eisenhardt, 1989b
(35) vgl. Eisenhardt, 2005
(36) Trautner, 1979
(37) Trautner, 1979
(38) Eisenhardt, 1989b, 136
(39) Eisenhardt, 1989b, 130

5. Der Arrest als Präventionsmaßnahme

Prinzipiell stellen alle bisher genannten kritischen Bewertungen der Arrestpraxis Ansatzpunkte zum präventiven Handeln dar. Eine Prävention im Justizbereich beginnt zum Zeitpunkt der Strafmündigkeit der Jugendlichen. Ab diesem Punkt lassen sich folgende sechs Interventionsbereiche unterscheiden:

(1) Verbesserung der Informationen zwischen den beteiligten Instanzen sozialer Kontrolle: Polizei, Jugendbehörden, Justiz. (2) Differenzierung der Probanden. (3) Qualität der Urteile und Beschlüsse. (4) Anstaltsstrukturen (einschließlich Organisation und Personal). (5) Vollzug des Arrests. (6) Nachbetreuung nach der Entlassung.

Alle entsprechenden Maßnahmen sollten dabei eine verbesserte Diagnose, Prognose und Behandlung zum Ziel haben. Die bisherigen Versäumnisse und Chancen der Prävention beziehen sich auf diese sechs Interventionsbereiche. Vorbedingung von Verbesserungen sind Kenntnisse über die Ursachen dissozialen Verhaltens.

Im Kontext der Jugendstrafrechtspflege bietet dann auch der Arrest präventive Möglichkeiten, die aber bisher – mit Ausnahme der Gutachten – nicht herausgearbeitet und auch nicht genutzt werden. Die folgenden Abschnitte sollen deshalb einige theoretische und praktische Ansatzpunkte bieten.

Man muss zuerst verstehen bzw. erklären, wie ein Jugendlicher zu seinem auffälligen dissozialen Verhalten gefunden hat. In der entsprechenden Literatur bestehen theoretische Erklärungsversuche, die zum Teil empirisch unterlegt sind und unter Kapitel 2 dargestellt wurden. Diese sind aber schwer auf den einzelnen Fall umzusetzen, denn es fehlen diagnostische Kenntnisse und Methoden.

Die Ausführungen über die psychologischen Ursachen der Jugendkriminalität zeigen indirekt auch die Chancen der Prävention auf. Über die Prävention von Verhaltensstörungen einschließlich des dissozialen Verhaltens liegen ausführliche Veröffentlichungen vor. (1)

Wie dem Kapitel über die Ursachen der Jugendkriminalität entnommen werden kann, finden die wesentlichsten Entwicklungen im Kindesalter statt. Die Versäumnisse von Eltern, sozialem Umfeld und Institutionen wie Jugendbehörden sowie Schulen können durch die Interventionsmöglichkeiten der Jugendkriminalrechtspflege kaum aufgefangen werden.

Die Grundlage der späteren kriminellen Karriere der persistenten Täter ist bis zum Beginn der Strafmündigkeit schon gelegt worden. Auch bei den Jugendzeittätern wurden oft frühe Interventionsmöglichkeiten nicht genutzt.

(1) Die Verbesserung der Informationen zwischen den beteiligten Instanzen sozialer Kontrolle: Polizei, Jugendbehörden, Justiz dient dem Ziel, (2) eine Differenzierung der Probanden zu erreichen, um (3) die Qualität der Urteile und Beschlüsse zu verbessern. Diese Maßnahmen liegen vor dem Arrestvollzug.

Liegen die ersten Straftaten nach dem 14. Lebensjahr vor, fehlen oft grundlegende Informationen der oben genannten Instanzen. Die zuständige Jugendgerichtshilfe verfügt zum Beginn der delinquenten Karriere über wenig bis keine Informationen. Angeblich aus Datenschutzgründen tauschen sich auch die Abteilungen des Allgemeinen Sozialen Dienstes (ASD) und der JGH oft nicht aus.

Auch der Informationsfluss zwischen Polizei, Staatanwaltschaft und Jugendamt ist oft durch administrative und soziale Barrieren gestört. Die personellen Engpässe seien nur am Rande erwähnt. Fachliche Unkenntnis, ideologische Barrieren (Jugendbehörden sperren sich gegen eine Kooperation mit der Justiz) sowie mangelndes Interesse an der zu leistenden Arbeit tragen ebenfalls einen erheblichen Anteil am unzureichenden Handeln der beteiligten Stellen.

Während bei Extremfällen, d.h. schwerwiegenden Taten bzw. psychisch gestörten Tätern psychologische bzw. psychiatrische Gutachten eingeholt werden, um zu einer angemessenen Beurteilung der Tat und der Strafe zu gelangen, fehlt dieser diagnostische Aufwand bei den Jugendlichen völlig, die zu Arrest verurteilt werden. Bei ihnen sind an der Entscheidung bzw. Bewertung der Tat Personen beteiligt, deren diagnostische Kenntnisse begrenzt sind. Meist wird bei Diskussionen über diesen Sachverhalt auf die „Erfahrung" der Beteiligten verwiesen. Um einen Jugendlichen mit einer Maßnahme zu belegen, genügt diese Erfahrung in der Regel auch, weil der Rahmen, in dem sich diese Maßnahme bewegt, schon feststeht. Eine Diagnose ist das aber nicht.

Im Allgemeinen orientiert sich das Gericht auch an den in einer Region bestehenden organisatorischen Gegebenheiten.

Es herrscht dann die Annahme, in der entsprechenden Maßnahme, d.h. hier dem Arrest, würde schon entweder allein durch die Einsperrung oder durch die im Arrest Beschäftigten bei dem Jugendlichen die erwünschte Wirkung erzielt werden. Keiner der Verfahrensbeteilteen, auch nicht während der Maßnahme, weiß aber letztlich, wie die Wirkungen zustande kommen, die eine weitere Straffälligkeit verhindern oder fördern.

Dies könnte man nur erfahren, wenn intensiv mit den Jugendlichen Informationen ausgetauscht werden würden und zwar in einem intensiven diagnostischen Prozess vor oder während einer Behandlung im Arrest. Eine differenzierte diagnostische Arbeit lässt sich aber ohne Fachpersonal nicht durchführen.

Dieses defizitäre Bild in weiten Teilen der administrativen Zusammenarbeit wird dann durch die Justizpraxis fortgesetzt. In vielen Regionen wird die JGH bei den „einfacheren" Fällen oder „leichten" Delikten im Verlauf des Verfahrens überhaupt nicht hinzugezogen oder sie fertigt nur Standardberichte. Hier sei – ebenfalls nur am Rande – auf die Praxis der „Gerichtsgeher" hingewiesen.

Mit anderen Worten: Die beteiligten Behörden halten es nicht für nötig, die Gründe für das delinquente Verhalten ausführlich zu erforschen. Die Praxis der „Diversion" und der gerichtlichen Entscheidungen geht dazu oft von unzureichenden theoretischen Kenntnissen aus, z.b. dass „milde Strafen" prinzipiell hilfreicher sind als „harte Strafen".

Die Forderung richtet sich in diesem Zusammenhang darauf, die administrativen Vorgänge vor Ort zu verbessern, um ausreichende Informationen zwischen den beteiligten Stellen austauschen zu können. Dies könnte zu einer fundierten Differenzierung der Probanden beitragen. Bei Berücksichtigung der genannten Kritikpunkte dürfte es dann zu Urteilen und Beschlüssen der Gerichte führen, welche die individuelle Problematik besser berücksichtigen können.

Eine delinquente Karriere wird auch indirekt durch die an verschiedenen Stellen dieser Arbeit kritisierten Grundhaltungen des am Kriminalisierungsprozesss beteiligten Fachpersonals befördert. Körner hat dies in seinem Beitrag deutlich zum Ausdruck gebracht.

„Die Entwicklung spezifischer Programme stößt auch nicht selten auf den Widerstand derer, die in diesem Feld arbeiten. Viele von ihnen verstehen pädagogische Arbeit traditionell als ganzheitliche Beziehungsarbeit, die.... den Jugendlichen ermutigen soll, vertrauensvolle und moralisch begründete soziale Beziehungen einzugehen. Eine so verstandene soziale Arbeit gibt dem Jugendlichen wenige Ziele vor – selbst das Ziel der Legalbewährung...ist dann nicht unbedingt das Maß aller Dinge, sie traut ihm zu, seinen eigenen Weg selbst zu finden. Diese Auffassung ist vor allem in Deutschland weit verbreitet, in ihr lebt die idealistische Tradition einer Bildungsidee fort – im Gegensatz zu der Vorstellung von Erziehung, die verdächtig ist den Zögling mit ausgefeilten Mitteln zu zwingen, sich vorgegebene Verhaltensweisen anzueignen." (2)

Eine typische delinquente Karriere eines Jugendlichen sieht dann - in über-
spitzer Weise dargestellt - etwa wie folgt aus:

1. Delikt → Einstellung des Verfahrens; 2. Delikt → Einstellung; 3. Delikt →
Verwarnung; 4. Delikt → Arbeitsauflage; 5. Delikt → Arbeitsauflage; 6. Delikt
→ Arbeitsauflage; 7. Delikt → Freizeitarrest; 8. Delikt → Dauerarrest; 9. Delikt
→ Jugendstrafe zur Bewährung, 10. Delikt → Dauerarrest usw. Der Widerruf
der Bewährung erfolgt erst, wenn der Täter über 21 Jahre alt ist.

Natürlich ist die Problematik hier nur schematisch aufgezeigt. Alle möglichen
Varianten finden sich: Arrest kombiniert mit Betreuungsweisungen und Arbeitsauflagen (mit über hundert Stunden), Jugendstrafe, die mehrmals aufgestockt
und mit Arrest und anderen Zuchtmitteln kombiniert wird. Nur wenn die
Straftaten so gravierend sind, dass Opfer zu Tode kommen, schwere Verletzungen davontragen, es sich um Dutzende von Eigentumsdelikten handelt, wird
Jugendstrafe ohne Bewährung verhängt.

Der Zeitraum, über den sich die oben verdeutlichte schematische Karriere hin-
zieht, reicht oft über mehrere Jahre, denn die Zeiträume zwischen Bekannt-
werden der Tat, dem Urteil und dem Beginn der Maßnahme betragen oft ein
Jahr. Dazwischen ereignen sich andere nicht bekannt werdende Straftaten
(Dunkelfeld). Allein der hohe Prozentsatz der Ungehorsamsarreste verdeutlicht, dass ausgesprochene Maßnahmen (Weisungen, Arreste und Strafen) oft
nicht beachtet werden und ein Verfahren weiter in die Länge ziehen.

5.1. Versäumnisse des Arrests als Präventionschance

Das bisherige Arrestsystem dokumentiert alle präventiven Versäumnisse. Dazu
gehört das direkt oder indirekt im Zentrum der derzeitigen Maßnahme stehende
„Strafkonzept“.

Da Erziehung durch Strafe nur begrenzt wirksam ist, wirkt dieses Konzept nur
bei einem Bruchteil der Jugendlichen. An dieser Stelle wird wieder die Gesamt-
problematik des Arrests erkennbar: Er ist für Fälle konzipiert, die in den juristi-
schen Kommentaren nachzulesen sind, nicht aber für Problemfälle.

Eine Arrestanstalt, die aufgrund ihrer personellen Situation (fehlendes Fachpersonal) nicht in der Lage ist, Probleme zu bearbeiten, geht an ihrem eigentlich
notwendigen Auftrag vorbei. Darin liegt der Kern der bisherigen Versäumnisse.
Die Anstalt kann aber auch aufgrund der derzeitigen desolaten Belegungspraxis
(zu viele unterschiedliche problematische Probanden) einen erzieherisch ausgerichteten Behandlungsvollzug nicht verwirklichen.

5. 2. Möglichkeiten des Arrests als Präventionschance

Die Anstaltsstrukturen (4), der Vollzug des Arrests (5) und die Nachbetreuung (6) nach der Entlassung sind die präventiv nutzbaren Interventionsbereiche im Rahmen des Arrestsystems. Alle bisher genannten Kritikpunkte aus der Arrestpraxis lassen sich im Sinne einer Prävention verbessern.

Wenn der Arrest im positiven Sinne wirken soll, müsste er dazu durch eine erzieherische Gestaltung beitragen, künftige Straftaten zu verhindern. Erziehung ist aber ein unbestimmter Begriff, unter dem jeder etwas anderes versteht. Er sollte deshalb differenziert werden. Was ist also „erzieherisch" im Sinne einer präventiven Wirkung? Und durch welche methodischen Ansätze kann die präventive Wirkung erreicht werden? Die Ausführungen unter dem Kapitel „Behandlung" weisen Wege dahin.

Dazu gehört eine Kategorisierung der Täter nach wissenschaftlichen Kriterien, während des Arrestvollzugs. Die Zusammenarbeit der verschiedenen Institutionen mit der Arrestanstalt wäre zu verbessern, d.h. ein Austausch an Informationen mit den Jugendbehörden, der Bewährungshilfe u.s.w. wären zu vereinbaren und einzuhalten. Alles das fehlt bisher oder ist regional unterschiedlich entwickelt.

Die Struktur der Arrestvollstreckung und die Ausstattung der Anstalten (personell und sachlich) sollte verbessert werden.

Überträgt man die These der Abhängigkeit der Wirkung der Maßnahme von den psychosozialen Merkmalen (= Problemlagen) auf Wirksamkeitsanalysen, dann müsste man für getrennte Gruppen von Tätern entsprechende Maßnahmen vorsehen. Für die Gruppe der Gewalttäter hat Körner diesen Ansatz in seinem Artikel mit der Überschrift versehen: „Jeder Gewalttäter braucht das ihm gemäße Programm." Das gilt aber für alle Täter.

Mit anderen Worten: Während des Vollzuges kann sich herausstellen, dass eine Einstellung des Verfahrens oder andere alternative Maßnahmen sinnvoll gewesen wären, dass weitere erzieherisch-therapeutische Maßnahmen angebracht sind oder eine stationäre Maßnahme in Zukunft erforderlich wäre. Das bedeutet, die gewonnen Erkenntnisse weiterzuleiten, um sie bei künftigen Verfahren zu berücksichtigen.

Die Frage geht in diesem Zusammenhang dahin, ob die beteiligten Personen die Kompetenz aufweisen, die Problemlagen und Behandlungsbedürfnisse der Jugendlichen richtig einschätzen zu können und ob sie dies auch wirklich wollen.

Welche Möglichkeiten bestehen nun, diese missliche Situation zu ändern?

In den beiden Gutachten von 1977 und 1989 werden einige Ansätze erwähnt, die nun, in Verbindung mit der neueren Behandlungsliteratur, vertieft werden könnten. Sie münden in konkrete Ratschläge für die am Arrestvollzug Beteiligten, wie sie oben formuliert worden sind.

Da dissoziales Verhalten gelernt wird, wenn man von emotionalen Ausnahmezuständen absieht, spielen die erwähnten verhaltenstherapeutischen Aspekte eine wichtige Rolle. Das Selbstbild eines Jugendlichen konkretisiert sein mögliches Verhaltensspektrum. Ein weiterer Zugang geschieht über emotionale Beziehungen, die aber nach der Entlassung aufgrund der Organisationsstrukturen der Kriminalrechtspflege nicht mehr aufrechterhalten werden können.

Man sollte sich aber immer bewusst sein, dass die differenzierteste Behandlung nur dann einen längerfristigen Erfolg verspricht, wenn nach ihrem Abschluss eine entsprechende Weiterbetreuung möglich ist. Die Nachbetreuung ist erforderlich, unterbleibt aber derzeit, d.h. das bisher vorhandene Instrumentarium der Jugendstrafrechtspflege ist unvollständig. Die Chancen ergeben sich einmal aus der Einhaltung von durchdachten organisatorischen Abläufen, guter personeller und sachlicher Ausstattung und dem Vorliegen sinnvoller Behandlungskonzepte.

5.2.1. Die Chance der Diagnostik

Bevor man eine Behandlungskonzeption erarbeitet, sollte die Klärung erfolgen, mit wem man es zu tun hat.

Deshalb ist eine Diagnose erforderlich. Die Arrestdauer könnte genutzt werden, Diagnosen zu erstellen, an denen es bisher gefehlt hat. Das wäre eine Grundlage für eine mögliche Behandlung während der Arrestdauer oder für Maßnahmen nach der Entlassung bzw. für künftige Verfahren. Diagnostische Verfahren, die für delinquente Jugendliche geeignet wären, sind entwickelt worden. In Deutschland besteht aber eine Scheu, diese Verfahren (z.B. Intelligenztests und Fragebogen) einzusetzen. Die Jugendlichen sollen nicht stigmatisiert werden, was aber in Wirklichkeit nicht zutrifft, denn die Stigmatisierung geschieht nicht durch Diagnostik, sondern durch die handelnden Personen selbst. Wer Straftaten begeht, stigmatisiert sich selbst oder wird durch das Verfahren stigmatisiert.

Allerdings ist Diagnostik im Jugendkriminalrecht nur schwer durchsetzbar, denn die in diesem Bereich Tätigen lehnen dies vehement ab. Was im medizinischen Bereich ohne Probleme möglich ist, wird den Jugendlichen zu deren Schaden im psychosozialen Bereich vorenthalten.

„Viele Pädagogen hegen ein tiefes Misstrauen gegen psychologische Diagnostik und deren Tendenz, die Persönlichkeit eines Menschen zu zergliedern und seine einzelnen Stärken und insbesondere seine Schwächen differenziert zu erfassen... Sie scheuen sich, ihren Jugendlichen „Defizite" zuzuschreiben und damit ihre Stigmatisierung fortzusetzen." (3)

Da der Arrest nur eine Kurzmaßnahme von maximal 4 Wochen darstellt, wäre es wenigstens möglich, diese Diagnose während der Zeit im Dauerarrest vorzunehmen bzw. wenigstens zu beginnen. Dies setzt aber Personal voraus, das im Arrest vorhanden ist oder während der Arrestzeit von außen in die Anstalt kommt.

5.2.2. Die Chance der Behandlung

Schon im Gutachten Mitte der siebziger Jahre wurden Vorschläge zur Behandlung der Jugendlichen gemacht.

Dabei müssen die repressiven Wirkungen des Arrests, wie sie oben diskutiert wurden, von den eigentlichen Behandlungsaspekten unterschieden werden.

Der Dauerarrest ermöglicht mit seinen 4 Wochen für die Insassen, einen Zugang zum Erwerb von Kompetenzen zu finden.

Einstellungen haben, wie oben erwähnt, eine emotionale, kognitive und verhaltenrelevante Komponente, d.h. sie und ihre Veränderungen lösen Gefühle aus, ihre Veränderung führt zu Änderungen der individuellen Bezugssysteme und des Verhaltens. Deshalb sind Prozesse in der Behandlung, die Einstellungsänderungen zum Ziel haben, die Voraussetzung für Änderungen des Verhaltens

Wie oben schon ausgeführt, eignen sich Gruppendiskussionen methodisch am besten, um Einstellungen zu ändern. In einem Behandlungsversuch, auf den ebenfalls schon hingewiesen wurde, konnte überprüft werden, wie sich im Arrest Einstellungen verändern lassen. Dieser Versuch soll im folgenden etwas ausführlicher geschildert werden, da es ich um das einzige kontrollierte Behandlungsexperiment im Arrestvollzug in Deutschland handelt, was Hinweise auf eine sinnvolle Strukturierung des Arrests liefern könnte. (4)

In der Arrestanstalt Frankfurt-Höchst wurden 1973 4 etwa gleichgroße Gruppen gebildet: Die beiden Behandlungsgruppen (= „Diskussionsgruppen") bestanden aus jeweils 25 männlichen Jugendlichen, die beiden Kontrollgruppen, mit denen keine Gruppen durchgeführt wurden, waren ebenso groß. Sie durchliefen einen Arrestvollzug, der durch reine Einsperrung auf Einzelzellen ohne Arbeit gekennzeichnet war.

Die Jugendlichen wurden mit ihren relevanten Merkmalen erfasst, ihre Einstellungen am Beginn und Ende des Arrests gemessen und nach einer Zeitspanne die Rückfälligkeit überprüft.

Zwei Gruppen bestanden aus Jugendlichen mit 8-12 Tagen Dauerarrest, zwei aus solchen mit zwei bis vier Wochen Dauerarrest. Die Behandlungsgruppen wurden in kleinen Gruppen von vier bis acht Teilnehmern zusammengefasst. Die Zuweisung zu den Gruppen insgesamt folgte dem Zufallsprinzip. Allerdings gab es Kriterien für diejenigen, die nicht einbezogen wurden:

Nur diejenigen, die ausreichend Deutsch sprachen und einen IQ über 85 aufwiesen, konnten teilnehmen. Auch Jugendliche, die zum Arrest vorgeführt werden mussten sowie diejenigen, die eine Mitarbeit verweigerten, nahmen nicht teil.

Die längere Behandlungsgruppe nahm an sieben Gruppensitzungen teil, die kurze an drei. Die Gruppenprotokolle wurden durch Beobachter erstellt, die Sitzungen auf Tonband aufgenommen. Zwischen den eigentlichen Diskussionsgruppen fanden noch Spielgruppen statt, um den Gruppenzusammenhalt zu fördern und die Atmosphäre aufzulockern. Die Dauer der jeweiligen Zusammenkünfte betrug immer 90 Minuten. Zur Vorbereitung auf die Inhalte der nächsten Diskussion gab es am Ende jeder Stunde ein Aufsatzthema, das diese Stunde vorbereiten half. An jedem Wochentag fand eine Gruppensitzung oder eine Spielstunde statt. An den Wochenenden erhielten die Jugendlichen Mappen, in denen Zeitungsausschnitte zu bestimmten Themen zusammengestellt waren. Es wurden auch Diaserien über das Leben im eigentlichen Strafvollzug vorgeführt. Sicherungsverwahrte hatten ihre Lebensgeschichte auf Tonband für die Jugendlichen gesprochen.

Das Durchschnittsalter der Jugendlichen lag zwischen 18 und 19 Jahren. Auf weitere Merkmale der Gruppen kann hier nicht eingegangen werden, doch war der Mangel an Konzentrationsfähigkeit (Testwert) auffällig. Die Ergebnisse lassen erkennen, dass ein erhöhtes Problembewusstsein am Arrestanfang bei den längeren Gruppen bestand, dies aber bei der Kontrollgruppe zum Arrestende reduziert ist, bei der Behandlungsgruppe aber nicht.

Als Ergebnisse sind folgende festzuhalten: Eindeutig wurde nachgewiesen, dass eine kurze Behandlungsdauer (drei Gruppenstunden), bezogen auf die Einstellungsänderungen, zu keinen erwünschten Effekten führt. Sie zeigt sogar einen negativeren Effekt als eine längere Einsperrung ohne Behandlung. Bei mindestens 10 Gruppenstunden mit der Methode der Gruppendiskussion kommt es dagegen zu einer positiven Einstellungsänderung.

Die Ergebnisse insgesamt zeigen, dass ein Arrest von bis zu 12 Tagen Dauer (Einsperrung ohne Gruppendiskussion) sinnlos ist. Auch ein ein- oder zweimaliges Gespräch mit dem Richter dürfte an diesem Ergebnis wenig ändern.

Die Aufnahmebereitschaft der Jugendlichen sollte zu einer häufigeren und intensiven Einflussnahme durch Gruppengespräche genutzt werden, wenn diese mindestens einmal täglich stattfinden.

Da eine positive Einstellungsänderung noch kein Beleg für eine entsprechende Verhaltensänderung ist, wurde nach 2 Jahren eine Rückfalluntersuchung durchgeführt, mit allen Vorbehalten gegenüber diesem Kriterium, wie sie oben diskutiert worden sind. Von den 100 Jugendlichen dieser Untersuchung wurden 36% als rückfällig (Strafregisterauszug) eingeordnet. Berücksichtigt man die 4 Gruppen so zeigen die unterschiedlichen Rückfallquoten statistisch signifikante Tendenzen an. Die beiden Kontrollgruppen entsprechen den erwarteten Rückfallquoten bei Arrest, während die kurze Behandlungsgruppe sogar einen noch ungünstigeren Wert aufweist. Die Gruppe mit der längeren Behandlungszeit dagegen hat einmal die positiveren Einstellungsänderungswerte und eine niedrigere Rückfallquote.

Verhaltensänderungen sind somit einmal durch Einstellungsänderungen in Gang zu setzen, zum anderen aber auch dadurch, dass im Vollzug und danach die Handlungskompetenzen der Jugendlichen erweitert werden. In diesen Ansatz gehen die Entwicklungs- und Stressaspekte mit ein, die oben als bedeutsame Ursachen für das dissoziale Verhalten aufgezeigt wurden.

Auch die Handlungskompetenzen (Verfügbarkeit und angemessene Anwendung von Fertigkeiten und Fähigkeiten in der Auseinandersetzung mit den Umweltanforderungen) sollen verbessert werden. Zu diesen Fertigkeiten und Fähigkeiten gehören die sensorischen, motorischen und kognitiven Ressourcen. Sie werden schon in der Kindheit angelegt. (5)

In dem dargelegten Behandlungsexperiment werden die sozialen Handlungskompetenzen durch die Gruppendiskussionen verbessert.

Die Diskussionen können aber zur Persönlichkeitsentwicklung nur beitragen, wenn eine Übereinstimmung zwischen Umwelt und Bedürfnissen sowie Interessen der Person möglich ist. (6)

Die Ausführungen von Sommer sind ebenfalls für eine Kompetenzerweiterung hilfreich. Er definiert „Kompetenz" wie folgt:

„Kompetenz meint die Verfügbarkeit und angemessene Aktualisierung von Verhaltensweisen zur effektiven Auseinandersetzung mit konkreten Lebenssituationen; insofern ist Kompetenz per definitionem unvereinbar mit ineffektiven Versuchen der Situationsbewältigung; ineffektives Verhalten wird aber häufig in einem Prozeß gesellschaftlich wissenschaftlicher Beurteilung…je nachdem als neurotisch, psychotisch, psychopathisch oder auch nur als abweichend als Verhaltensexzeß oder –defizit bezeichnet." (7)

Sommer verweist darauf, dass es sich um ein „zentrales Konstrukt" in der Persönlichkeitsforschung handelt. Verhaltenabweichungen oder dissoziales Verhalten lässt sich als Hinweis auf fehlende Kompetenzen deuten. Im Zentrum therapeutischer bzw. erzieherischer Bemühungen sollte deshalb die „Vermittlung von Kompetenzen" stehen. (8)

Man kann den folgenden Ausführungen nur zustimmen: „Die Vernach-ässigung dieses Ansatzes [der Kompetenzvermittlung; der Verfasser] ist verblüffend, da doch offensichtlich ist, dass ein Kind, das ein weites Spektrum an Fertigkeiten besitzt, dadurch ein breites Spektrum Problemlösungsfähigkeiten und Umgangsweisen mit ungewöhnlichen Streß-Situationen besitzt…" (9)

Damit wäre die zentrale Aufgabe der Behandlung im Arrest umschrieben.

Sommer diskutiert verschiedene Ansätze zum Kompetenzerwerb, von denen hier nur auf das Lernen am Modell und das Rollenspiel verwiesen wird.

Zu den individuellen und sozialen Kompetenzen zählt Sommer folgende: (1) Eigene Gefühle, Bedürfnisse und Interessen wahrnehmen. (2) Das eigene Verhalten verstehen und problematisieren können. (3) Selbstverständlichkeiten bei sich und anderen kritisch hinterfragen können. (4) Ein hohes Maß an Selbständigkeit, Eigensteuerung, Selbstwertgefühl und Angstfreiheit. (5) Kreativ und produktiv sein können. (6) Soziale Wahrnehmung sensibilisieren. (7) Kommunizieren und kooperieren können. (10)

Vermittelt werden könnten neben den „sozialen" Kompetenzen insbesondere „instrumentelle". Zu den instrumentellen Kompetenzen gehören an erster Stelle, dass man lesen, schreiben und rechnen kann. Weiter sollte Grundwissen aus Technik und Naturwissenschaften, Biologie und Medizin vermittelt werden.

Im DA kann auch an eine schulische Nachbesserung während und nach dem Dauerarrest gedacht werden. In einigen Anstalten sind Ansätze dazu vorhanden. Aber auch Berufsfindung und –beratung ist bei längerer Arrestdauer möglich.

Die direkt und indirekt angesprochenen Behandlungsziele können allerdings ohne fachlich qualifizierte Mitarbeiter nicht erreicht werden. Schon 1977 wurde im ersten Gutachten ein notwendiges „therapeutisches Milieu" angesprochen, das durch die neueren Behandlungsansätze präzisiert worden ist.

Die Erfahrung mit Arrestanten und die theoretischen Grundlagen unterstützen die Forderungen des Gutachtens von 1977, die prinzipiell auch heute noch gelten. Sie sollen deshalb auszugsweise wiedergegeben werden, weil die Arrestliteratur in dieser Richtung Defizite erkennen lässt.

„Die Gruppenbehandlung dürfte Schwerpunkt einer...Betreuung sein. In den Gruppen müssen...negative Erfahrungen mit der Autoritäts- und Normeninstanz bearbeitet, Einsicht in eigenes Verhalten ermöglicht und das Verhalten von Eltern und Erziehern besser verständlich gemacht werden...Wertvortellungen und Leitbilder sollten besprochen werden. Weiter kommen dazu: Gespräche mit dem Problemkreis Partnerschaft, Vertrauen, Freundschaft..." „Neben der eigentlichen Gruppenbehandlung sollten Trainingskurse für verschiedene Fertigkeiten durchgeführt werden. Dabei müssen in erster Linie negative Erfahrungen aus der Schulzeit aufgearbeitet...werden." „Jugendliche mit einer abgebrochenen Lehre müssen auf...Berufsinteressen hin untersucht und neu motiviert werden." (11)

Das Arrestsystem lässt sich durch ein Bündel von Maßnahmen verbessern und seine Effizienz im Sinne einer Legalbewährung der Jugendlichen steigern. Dabei sollte die Tatsache berücksichtigt werden, dass der Arrest im Vergleich zum Jugendstrafvollzug die wichtigere stationäre Einrichtung in einem präventiven Sinn darstellt, denn er wird häufiger und im Kontext einer kriminellen Karriere zeitlich früher verhängt.

1. Zuerst sollte darauf geachtet werden, dass alle am Jugendkriminalverfahren Beteiligten die Gesetzesvorgaben und Vorschriften strikt einhalten. Um das zu erreichen ist Transparenz über die Abläufe im Jugendkriminalrecht zwischen den Instanzen zu gewährleisten. Das setzt auch einen regelmäßigen Austausch zwischen den beteiligten Personen und Instanzen (z.B. Jugendbehörden und Justiz) voraus.

2. Die Fortbildung sollte bei allen Beteiligten verbessert werden. Inhalte sollten sein: Entstehung und Behandlung von Dissozialität, einschließlich internationaler Erkenntnisse. Das kann z.B. auch durch regionale Netzwerke gewährleistet werden.

3. Die Mitarbeiter der Arrestanstalten sollten ebenfalls Grundkenntnisse über Entstehung und Behandlung von Dissozialität aufweisen, ebenso solche über Organisationsentwicklung.

4. Die Strukturen und Verwaltungsabläufe im Arrestsystem sollten konsequent auf Behandlungsanforderungen zugeschnitten werden.

5. Fachpersonal muss in einer Mindestzahl vorhanden sein. Auch hier ist Fortbildung notwendig.

6. Auch im Arrest sollten nach einer Diagnostik Behandlungspläne für länger Inhaftierte aufgestellt werden.

7. Die Arrestanstalten sollten die Möglichkeit erhalten, mit den Jugendbehörden in geeigneten Fällen eine Nachbetreuung zu vereinbaren. Deswegen sind Kooperationen zwischen Jugendämtern und Justizbehörden vorzuschreiben.

8. Prinzipiell sollte der Grundsatz gelten, dass Diagnose und Kontrolle von Risikotätern (z.B. Gewalttäter) Vorrang erhält. Das gilt auch für die Zeit nach der Entlassung.

Die Chancen zur Prävention liegen auch in der Tatsache, dass eine Verurteilung zu Jugendarrest rechtlich keine Strafe darstellt, ebenso wenig wie eine Verhängung zu Arrest durch einen Beschluss.

Bei Beachtung der dargelegten Prinzipien bei der Auswahl der Maßnahmen nach dem JGG ist ein Arrest dann sinnvoll, wenn er auch erzieherisch (therapeutisch) genutzt wird. Das setzt eine differenzierte Diagnose am Anfang des Vollzuges und eine differenzierte Behandlung während der Haft voraus. Die Behandlung ist ihrerseits wieder vom Vorhandensein einer ausreichenden Zahl entsprechend vorgebildeten Personals abhängig. Die Vollzugsgestaltung sollte sich nach den individuellen Erfordernissen richten. Die Jugendarrestvollzugsordnung lässt dabei dem Vollzugsleiter alle Gestaltungsmöglichkeiten, auch einen Vollzug in partieller Freiheit. Durch eine differenzierte Diagnose können Fehleinschätzungen des künftigen Verhaltens der Arrestanten reduziert werden, eine wichtige Präventionschance.

Man sollte nicht vergessen, dass die Arrestanten Schäden bei ihren Opfern, bei der Gesellschaft und nicht zuletzt bei ihrer eigenen Familie verursacht haben. Die Verhinderung weiterer Straftaten rechtfertigt deshalb den Aufwand eines gut ausgestatteten und durchdachten Vollzuges.

Anmerkungen zu 5

(1) z.B. Schneider, 2001; Schwind, 2003; Eisenhardt, 2005
(2) Körner, 2009
(3) Körner, 2009
(4) vgl. Eisenhardt, 1977, 161ff.
(5) Hurrelmann, 1986
(6) Hurrelmann, 1986
(7) Sommer, 1977, 71
(8) Sommer, 1977, 72
(9) Beiser, zit. nach Sommer, 1977, 72
(10) Sommer, 1977, 92
(11) Eisenhardt, 1977, 553.

Abkürzungen

ADS	Aufmerksamkeits-Defizit-Syndrom
BGH	Bundesgerichtshof
CD	Conduct disorder: Störungen des Sozialverhaltens
DA	Dauerarrest
DSM IV	Diagnostic and statistical manual of mental disorders
FA	Freizeitarrest
FPI	Freiburger Persönlichkeits Inventar
HIA	Hyperactivity-impulsivity-attention deficit syndrom
IQ	Intelligenzquotient
JA	Jugendarrest
JAVollzO	Jugendarrestvollzugsordnung
JGG	Jugendgerichtsgesetz
JGGÄndG	Jugendgerichtsänderungsgesetz
JGH	Jugendgerichtshilfe
JVA	Justizvollzugsanstalt
KA	Kurzarrest
N	Anzahl von Probanden bei empirischen Untersuchungen
REBT	Rational emotive Verhaltenstherapie
RJGG	Richtlinien zum Jugendgerichtsgesetz
P	Wahrscheinlichkeit
PCL-R	Psychopathy checklist revised

113

Literatur

APA (American Psychiatric Association) (1994) Diagnostic and statistical manual of mental disorders, Washington, DC.

Aronson, E. (1994) Sozialpsychologie, Heidelberg, Berlin, Oxford: Spektrum.

Becker G.E. (1981) Lehrer lösen Konflikte, München.

Biermann, G. , Hrsg. (1994) Kinderpsychotherapie, Frankfurt a. Main, Fischer.

Bliesener, Th. & Lösel, F. (1992) Resilience in juveniles with high risk of delinquency, in: Lösel, F., Bender, D., Bliesener, Th., Eds., Psychology and law. International perspectives, 62-75.

Bronfenbrenner, U. (1976).Ökologische Sozialisationsforschung, Stuttgart: Klett.

Buikhuisen, W. (1987) Cerebral dysfunctions and persistent juvenile delinquency, in: Mednick et al., The causes of crime, 185-215..

Bundesministerium des Inneren/Bundesministerium der Justiz. Hrsg. (2001). Erster Periodischer Sicherheitsbericht der Bundesregierung (PSB).

Busch, M. (1988) Soziales Training im Strafvollzug - Möglichkeiten und Grenzen. Kriminalpädagogische Praxis, 27, 4, 14-18.

Cantelon, S. & LeBoeuf, D. (1997) Keeping young people in school: Community programs that work. NCJRS, OJJDP, 26 S.

Cicchetti, D., Wagner, S. (1995) Alternative assessment strategies for the evaluation of infants and toddlers: An organizational perspective. In: Meisels, S.J., Shonkoff, J.P., Eds., Handbook of early childhood intervention. Cambridge: Cambridge University Press, 246-277.

Cicchetti, D. & Toth, S.L., Eds. (1991) Internalizing and externalizing expressions of dysfunction. Rochester Symposium on Developmental Psychopathology, Vol. 2. Hillsdale: Lawrence Erlbaum.

Conger, R.D., Ge, X., Elder Jr., G.H., Lorenz, F.O., Simons, R.L. (1994) Economic stress, coercive family process, and developmental problems of adolescence. Child Development, 65, 541-561

Christian, R.E., Frick, P.J., Hill, N.L., Tyler, L., Frazer, D.R. (1995) Psychopathy and Conduct Problems in Children: II. Implications for Subtyping Children with Conduct Disorders, Manuskript.

Döpfner, M., Plück., J., Bölte, S., Lenz, K., Melchers, P., Heim, K. (1998) Elternfragebogen über das Verhalten von Kindern und Jugendlichen. 2. Aufl., Arbeitsgruppe Deutsche Child Behavior Checklist, Köln.

Döpfner, M. & Melchers, P. (1993). Lehrerfragebogen über das Verhalten von Kindern und Jugend-lichen, Arbeitsgruppe Deutsche Child Behavior Checklist, KJFD, Arbeitsgruppe Kinder- Jugend- und Familiendiagnostik, Köln.

Donnellan, M.B., Ge, X., Wenk, E. (2000) Cognitive abilities in adolescent-limited and life-course-persistent criminal offenders, : Journal of Abnormal Psychology, 109, 3, 396-402

Eggers, C., Lempp, R., Nissen, G., Strunk, P. (1994) Kinder- und Jugendpsychiatrie. 7.Aufl., Berlin: Springer.

Eisenhardt, T. (1977) Die Wirkungen der kurzen Haft auf Jugendliche, Frankfurt a. Main: Fachbuchhandlung für Psychologie.

Eisenhardt, T. (1978) Strafvollzug, Stuttgart, Berlin, Köln, Mainz: Kohlhammer.

Eisenhardt, T. (1989a) Gutachten über den Jugendarrest, Klosters: Larein Infoplan.

Eisenhardt, T. (1989b) Datenband zum Gutachten über den Jugendarrest, Klosters: Larein Infoplan.

Eisenardt, T. (2000) Verhalten: Grenzbereich zwischen Psychologie und Justiz, in. Möller, Chr., Hrsg.,. Psychologie der Grenzen, Skript der Ringvorlesung an der Universität Siegen. 161-173.

114

Eisenhardt, T., Fooken, I. (2002) FAST - ein Präventionsprogramm zur Familienstärkung, Si:So (Siegen Sozial), 7, 2, 34-43.
Eisenhardt, T. (2005) Dissoziales Verhalten. Ursachen und Prävention. Studien zur Psychologie und Kriminalität 1, Frankfurt am Main: Peter Lang.
Engel, U., Hurrelmann, K. (1989a): Psychosoziale Belastung im Jugendalter. Empirische Befunde zum Einfluß von Familie, Schule und Gleichaltrigengruppe. Berlin-New York: De Gruyter.
Farrington, D.P. (1992) Psychological contributions to the explanation, prevention and treatment of offending, in: Lösel, F., Bender, D., Bliesener, Th., Eds. Psychology and law. International perspectives, 35-51.
Farrington, D.P., Welsh, B.C. (2002) Family-based crime prevention, in: Sherman, L.W., Farrington, D.P., Welsh, B.C., McKenzie, D.L., Eds. (2002) Evidence-based crime prevention, 22-55.
FAZ, Nr. 149 (2009), Sven Steuer: Freizeit hinter Gittern. .
Foerster, F. (1920) Schuld und Sühne, 3.Aufl. München.
Freese, R. (1998) Die „Psychopathy Checklist" (PCL-R und PCL-SV) von R.D. Hare und Mitarbeitern in der Praxis, in: Müller-Isberner, R., Gonzales Cabeza, S., Hrsg., Forensische Psychiatrie, 81-92.
Frick, J.P., O'Brien, B.S., Wootton, J.M., McBurnett, K. (1997) Psychopathy and conduct problems in children, Journal of Abnormal Psychology, 103, 4, 700-707.
Glasser, W. (1972) Realitätstherapie, Weinheim: Beltz..
Glasser, W., Wubbolding, R. (1995) Reality therapy, in: Corsini, R.J., Wedding, D., Eds., Current psychotherapies, 5.Ed., Ithasca, Ill.: F.E. Peacock Publishers, 293-321.
Gniech, G. & Grabitz, H.-J. (1978) Freiheitseinengung und psychologische Reaktanz, in: Frey, D., Kognitive Theorien der Sozialpsychologie, Bern, Stuttgart, Wien: Huber, 48-74.
Goudsmit, W. (1964) Psychotherapie bei Delinquenten, Psyche, 17, 11, 664-684.
Grossmann, K. & Grossmann, K. (1998). Eltern-Kind-Bindung als Aspekt des Kindeswohls. In Brühler Schriften zum Familienrecht (10). Zwölfter Deutscher Familiengerichtstag, 24.-27.9.1997. Brühl: Deutscher Familiengerichtstag e.V.
Hahlweg, K. (2001) Bevor das Kind in den Brunnen fällt: Prävention von kindlichen Verhaltensstörungen, in: Deutsch, W. & Wenglorz, M. Zentrale Entwicklungsstörungen bei Kindern und Jugendlichen. Aktuelle Erkenntnisse über Entstehung, Theorie und Prävention, Stuttgart: Klett-Cotta, 189-241.
Hare, R.D. (1995) Psychopathy: A clinical construct whose time has come, Manuskript, 36 S.
Hare, R.D., Hart S.D., Harpur T.J. (1991) Psychopathy and the DSM-IV criteria for antisocial personality disorder, Journal of Abnormal Psychology, 100, 3, 391-398.
Hawkins, D., Herrenkohl, T., Farrington, D., Brewer. D., Catalano, R., Harachi, T., Cothern, L. (2000) Predictors of youth violence, Juvenile Justice Bulletin, 4, OJJDP, U.S. Department of Justice.
Heinemann, E., Rauchfleisch, U., Grüttner, T. (1993) Gewalttätige Kinder. Psychoanalyse und Pädagogik in Schule, Heim und Therapie, Frankfurt a. Main: Fischer.
Heinz, W.& Storz, R., Hrsg., (1992)., Diversion im Jugendstrafverfahren der Bundesrepublik Deutschland, Bundesminister der Justiz, Bad Godesberg: Forum Verlag.
Hinrichs, G. (1991) Psychotherapie mit Gewalttätern im Jugendstrafvollzug, MschrKrim, 74, 17.
Hirschberg, W. (1994) Kognitive Charakteristika von Kindern und Jugendlichen mit Störungen des Sozialverhaltens, Praxis der Kinderpsychologie und Kinderpsychiatrie. 43, 36-45.
Hirschberg, W. & Altherr, P. (1991) Sozialtherapie mit psychisch gestörten dissozialen Jugendlichen, Praxis Kinderpsych. Kinderpsychiat., 362f.

Hollin, C.R. (1989) Psychology and crime. An introduction to criminological psychology, London – New York: Routledge.

Hurrelmann, K. (1986) Einführung in die Sozialisationstheorie, Weinheim: Beltz.

Institut für Kriminalwissenschaften und Fachbereich Psychologie- Sozialpsychologie – der Phillips-Universität Marburg. (2001) Empirisch gesicherte Erkenntnisse über kriminalpräventive Wirkungen. Gutachten für die Landeshauptstadt Düsseldorf, Bd. 1+2. Marburg.

Jehle, M., Heinz, W., Sutterer, P. (2003) Legalbewährung nach strafrechtlichen Sanktionen – Eine kommentierte Rückfallstatistik. In: Bundesministerium der Justiz, Hrsg., Reihe Recht, Berlin.

Jonkman, H.B, Vergeer, M. (2002) Communities that Care: Das Prinzip, die Grundlagen und das Ziel, in: Deutsches Jugendinstitut e.V. Arbeitsstelle Kinder- und Jugendkriminalprävention. Nachbarn lernen voneinander, München, 119-138.

Kaiser, G., Kerner, H.J., Sack, F., Schellhoss, H., Hrsg. (1993): Kleines Kriminologisches Wörterbuch, 3.Aufl. Heidelberg: C.F.Müller.

Kaplan, H.B. (1980) Deviant behavior in defense of self, New York: Academic Press.

Kaufmann, H. (1977) Kriminologie III. Strafvollzug und Sozialtherapie. Stuttgart, Berlin, Köln, Mainz: Kohlhammer.

Kazdin, A.E. (1987) Treatment of antisocial behavior in children: Current status and future directions, Psychological Bulletin, 102, 2, 187-203

Körner, J. (2009) Jeder Gewalttäter braucht das ihm gemäße Programm, F.A.Z., Bildungswelten, 29.10.

Kraus, L. & Rolinski, K. (1992) Rückfall nach Sozialem Training auf der Grundlage offiziell registrierter Delinquenz, Mschrkrim. 75, 32ff.

Kröber, H.-L., Scheurer, H., Saß, H. (1993) Ursachen der Rückfälligkeit von Gewaltstraftätern, MschrKrim., 76, 4, 227-241.

Kury, H. (1987) Die Behandlung Straffälliger., Bd. I, Berlin: Duncker & Humblot.

Kusch, M., Petermann, F. (1996). Konzepte und Ergebnisse der Entwicklungspsychopathologie, in: Petermann, F. (Hrsg.), Lehrbuch der Klinischen Kinderpsychologie, Göttingen: Hogrefe, 53-93.

Lamnek, S. (1993) Theorien abweichenden Verhaltens, UTB, München: Fink.

Lehmann, E. (1995) Tötungsdelikte als irrationale Antworten auf existentielle Krisen am Beispiel von Trennungsdaten, Zeitschrift für Klinische Psychologie, Psychopathologie und Psychotherapie, 1995, 43, 2, 123-133.

Lehmkuhl, U. & Döpfner, M. (1992) Psychotherapie mit Jugendlichen, Praxis der Kinderpsychologie und Kinderpsychiatrie, 20, 169-184.

Lempp, R. (1983) Gerichtliche Kinder- und Jugendpsychiatrie, Bern, Stuttgart, Wien: Huber.

Lewis, D. & Balla, D.A. (1976) Delinquency and Psychopathology, New York: Grune & Stratton.

Lipsey, M.W. (1992a) The effect of treatment on juvenile delinquents: Results from meta-analysis, in: Lösel, F., Bender, D., Bliesener, Th., Eds., Psychology and Law. International Perspectives, 131-146.

Lipsey, M. W. (1992b). Juvenile delinquency treatment: A meta-analytic inquiry into the variability of effects." In Cook, T.D., . Cooper, H. et al., Eds., Meta-analysis for explanation. Beverly Hills: Sage.

Littmann, E. (1985) Psychologische Untersuchungen an Gewaltstraftätern – ein Beitrag zur forensischen Aggressivitätsdiagnostik, in: Jähnig, H.-U.& Littmann, E. Hrsg. Kriminalpsychologie und Kriminalpsychopathologie, 113-128.

Littmann, E. (1992) Using Psychological Tests in the Forensic Assessment of Offenders, in: Lösel, F., Bender, D., Bliesener, Th., Eds., Psychology and Law. International Perspectives, 110-120.

Loeber, R. (1990) Disruptive and antisocial behavior in childhood and adolescence: Development and risc factors, in: Hurrelmann, K., Lösel, F., Eds., Health hazards in adolescence, Berlin, New York: de Gruyter.

Loeber, R., Farrington, D.. Petechuk D. (2003) Child Delinquency: Early intervention and prevention, OJJDP U.S. Department of Justice, Child Delinquency Bulletin Series.

Lösel, F. (1998) Evaluation der Straftäterbehandlung: Was wir wissen und noch erforschen müssen, in: Müller-Isberner, R., Gonzales Cabeza, S., Hrsg., Forensische Psychiatrie, 29-50.

Lösel, F., Bender, D., Bliesener, Th., Eds.(1992) Psychology and law. International perspectives, Berlin-New York: Walter de Gruyter.

Lösel, F., Bliesener, Th. (2003) Aggression und Delinquenz unter Jugendlichen. Untersuchungen von kognitiven und sozialen Bedingungen, BKA Polizei + Forschung, Bd. 20, München- Neuwied: Luchterhand.

McGuire, J. & Priestley, Ph. (1992) Some things do work: Psychological interventions with offenders and the effectiveness Debate, in: Lösel, F., Bender, D., Bliesener, Th., Eds.,. Psychology and law. international perspectives, 163-174.

Meichenbaum, D. (1979) Kognitive Verhaltensmodifikation, München, Wien, Baltimore: Urban & Schwarzenberg.

Mey, H.G. (1967) Prognostische Beurteilung des Rechtsbrechers: Die deutsche Forschung, in: Undeutsch, U., Hrsg., Handbuch der Psychologie, Forensische Psychologie, 511-566.

Meyer, W.-U. & Schmalt, H.-D. (1978) Die Attributionstheorie, in: Frey, D., Kognitive Theorien der Sozialpsychologie, . Bern, Stuttgart, Wien: Huber, 98-137.

Meyer-Höger, M. (1998) Der Jugendarrest. Entstehung und Weiterentwicklung einer Sanktion, Baden-Baden: Nomos Verlagsgesellschaft.

Moffitt, T. E. (1990) Juvenile delinquency and attention deficit disorder: Boys´ development trajectories from age 3 to age 15, Child Development, 61, 893-910.

Moffitt, T. E. (1993) Adolescence-limited and life-course-persistent antisocial behavior: A developmental taxonomy, Psychological Review, 100, 4, 674-701.

Montada, L. (1998) Delinquenz, in: Oerter, R., Montada, L. (Hrsg.). Entwicklungspsychologie, Weinheim: Beltz. Psychologie Verlags Union, 1024-1032.

Müller, G.F.,& Crott, H.W. (1978) Gerechtigkeit in sozialen Beziehungen, in: Frey, D., Kognitive Theorien der Sozialpsychologie, . Bern, Stuttgart, Wien: Huber, 218-242.

Müller-Dietz, H. (1988). Grundfragen des Sozialen Trainings im Strafvollzug. 1. Entstehung und Entwicklung des Sozialen Trainings, Kriminalpädagogische Praxis, 27, 7-13.

Mulvey, E.P., Arthur, M.W., Reppucci, N.D. (1993) The prevention and treatment of juvenile delinquency: A review of the research, Clinical Psychology Review, 13, 133-167.

Nedopil, N. (1997) Die Bedeutung von Persönlichkeitsstörungen für die Prognose künftiger Delinquenz, MschrKrim 80, 2, 79-92.

Nissen, G. (1994a) Persönlichkeitsstörungen, in: Eggers et.al., Kinder- und Jugendpsychiatrie. 535-548.

Nissen, G. (1994b) Dissozialität und Verwahrlosung, in: Eggers et.al., Kinder- und Jugendpsychiatrie. 119-150.

Nolting, H.P. (1986) Lernfall Aggression, Reinbek: Rowohlt.

Ogloff J.R. & Douglas, K.S. (1995) The Treatment of High Risk Offenders: A Literature Review and Analysis, Vancouver: Simon Fraser University.

Ostendorf, H. (1995) Diskussionen – Reform des Jugendarrestes. In: MschKrim., 352 .

Patterson, G.R., DeBaryshe, B.D., Ramsey, E. (1989) A developmental perspective on antisocial behavior, American Psychologist, 2, 329-335.

117

Payk Th. (1992) Dissozialität. Psychiatrische und forensische Aspekte, Stuttgart: Schattauer.

Petermann, F., Hrsg. (1987) Verhaltensgestörtenpädagogik, Berlin: Marhold.

Petermann, F. (2003) Prävention von Verhaltensstörungen – Einführung in den Themenschwerpunkt, Kindheit und Entwicklung, 12 (2), 65-70.

Pfeiffer, Chr. (1983) Kriminalitätsprävention im Jugendgerichtsverfahren. Köln, Berlin, München: Heymann

Pfeiffer, Chr. (1981) Jugendarrest – für wen eigentlich? MschKrim, 28-52.

Pielmaier, H. (1979) Verhaltenstherapie bei delinquenten Jugendlichen, Stuttgart: Enke.

Pielmaier, H., Pauls, L., Blumenberg, F.-J. (1980) Dissoziale Störungen, in:Wittling, Hrsg., Handbuch der Klinischen Psychologie, Bd. 5, Hamburg: Hoffmann und Campe, 323-372.

Pütz, A. (1976) Einstellungs- und Verhaltensänderung bei Jugendlichen mit sozial abweichendem Verhalten, Stuttgart, Berlin, Köln, Mainz: Kohlhammer.

Rabin, A.I. (1979) The Antisocial Personality – Psychopathy and Sociopathy, in: Toch, H., Ed., Psychology of Crime and Criminal Justice, New York: Holt, Rinehart & Winston.

Riechert-Rother, S. (2008) Jugendarrest und ambulante Ma0nahmen. Anspruch und Wirklichkeit des 1. JGGÄndG., Hamburg: Verlag Dr. Kovac.

Röhrle, B. (1994) Soziale Netzwerke und soziale Unterstützung, Weinheim: Beltz.

Rössner, D. (1984) Soziale Kompetenz und Kriminalität. Die Grundlagen des Sozialen Trainings im Strafvollzug, Zeitschrift für Strafvollzug und Straffälligenhilfe, 33, 3, 131-136.

Rolinski, K,. Kraus. L. (1988) Evaluierung sozialer Trainingskurse, Zwischenbericht über ein Forschuungsprojekt am Kontakt Regensburg e.V., Bericht Universität Regensburg.

Rothenberger, A. & Hüther, G. (1997) Die Bedeutung von psychosozialem Streß im Kindesalter für die strukturelle und funktionelle Hirnreifung: neurobiologische Grundlagen der Entwicklungspsychopathologie, Praxis der Kinderpsych. und Kinderpsychiatrie, 46, 623-644.

Rowe, D.C. (1997) Genetik und Sozialisation. Die Grenzen der Erziehung, Weinheim: Beltz.

Rutter, M., Maughan, B., Mortimer, P., Ouston, J. (1980) Fünfzehntausend Stunden. Schulen und ihre Wirkungen auf Kinder, Weinheim, Basel, Beltz.

Schaller, S., Groffmann, K.J. (1980) Dissoziales Verhalten, in: Wittling, W., Hrsg., Handbuch der Klinischen Psychologie, Bd. 4, Hamburg: Hoffmann und Campe, 278-334.

Schmeck, K. & Poustka, F. (2000) Biologische Grundlagen von impulsiv-aggressivem Verhalten, Kindheit und Entwicklung, 9, 1, 3-13.

Schneider, H.J. (1967) Prognostische Beurteilung des Rechtsbrechers: Die ausländische Forscung, in: Undeutsch, U., Hrsg., Hdbuch der Psychologie, Forensische Psychologie, 397-510.

Schneider, H.J. (1992) Jugendstrafrecht, Wirtschaftsstrafrecht, Strafvollzug, 3. Aufl. München: Beck.

Schneider, H.J. (2001) Kriminologie für das 21. Jahrhundert, Münster – Hamburg – Berlin – London: Lit Verlag.

Schwind, H.-D. (2003) Kriminologie, 13. Aufl., Heidelberg: Kriminalistik Verlag.

Sieverts, R. (1961) Die Erzehungsaufgabe des Jugendarrests, in: Würtenberger, Th., Kriminologie und Vollzug der Freiheitsstrafe, Stuttgart.

Selg, H., Mees, U.,Berg, D. (1988) Psychologie der Aggressivität, Göttingen: Hogrefe.

Sherman, L.W., Gottfredson, D.C., MacKenzie, D.L., Eck, J., Reuter, P. & Bushway, S.D. (1998) Preventing crime: What works, what doesn't, what's promising. National Institute of Justice, US Department of Justice, Washington.

Sherman, L.W., Farrington, D.P., Welsh, B.C., McKenzie, D.L., Eds. (2002) Evidence-based crime prevention, London: Routledge.

Sommer, G. (1977) Kompetenzerwerb in der Schule als Primäre Prävention, in: Sommer, G. & Ernst, H., Gemeindepsychologie. Therapie und Prävention in der sozialen Umwelt, Fortschritte der Klinischen Psychologie 11, München, Wien, Baltimore: Urban & Schwarzenberg.

118

Sommer, G. & Ernst, H., Hrsg. (1977) Gemeindepsychologie. Therapie und Prävention in der sozialen Umwelt, Fortschritte der Klinischen Psychologie 11, München, Wien, Baltimore: Urban & Schwarzenberg.

Spangler, G. & Zimmermann, P., Hrsg. (1995). Die Bindungstheorie. Grundlagen, Forschung, Anwendung. Stuttgart: Klett-Cotta.

Statistisches Bundesamt (2006) Rechtspflege. Strafvollzug, Reihe 10. Wiesbaden:

Steinhausen, H.-Chr. (1996) Psychische Störungen bei Kindern und Jugendlichen, Lehrbuch der Kinder- und Jugendpsychiatrie, 3.Aufl. München, Wien, Baltimore: Urban & Schwarzenberg.

Steller, M. (1977) Sozialtherapie statt Strafvollzug, Köln: Kiepenheuer.

Steller, M., Hommers, W., Zienert, H.J. (1978) Modellunterstütztes Rollentraining (MURT). Verhaltensmodifikation bei Jugenddelinquenz, Heidelberg: Springer.

Sturzbecher, D. (2002) Frühkindliche Entwicklung und Gewaltdisposition, in: Deutsches Forum für Kriminalprävention, Hrsg., Sackgasse Gewalt? Erziehung, Prävention, Auswege, Lösungen, 3-13

Toch, H., Ed. (1979) Psychology of crime and criminal justice, New York: Holt, Rinehart & Winston.

Trautner, H.M. (1979) Der Beitrag der Selbstkonzept-Forschung zur Erklärung sozial abweichenden Verhaltens, in: Filip, S.H. Hrsg. Kritische Lebensereignisse, Weinheim: Psychologie Verlags Union, 273ff.

U.S. Department of Justice (1992) Office of Juvenile Justice and Delinquency Prevention (OJJDP), National Criminal Justice Reference Service (NCJRS).

Viehmann, H. (2007) Strategien der Gewaltprävention im Rahmen des Jugendkriminalrechts, in: DJI, Strategien der Gewaltprävention im Kindes- und Jugendalter. Eine Zwischenbilanz in sechs Handlungsfeldern, Arbeitsstelle Kinder und Jugendkriminalitätsprävention, Bd. 11, München: Deutsches Jugendinstitut.

Vornefeld, R. (1940) Auf dem Wege zu einem neuen Jugendstrafrecht, Deutsche Justiz, 1205.

Walkenhorst, P. (1989). Soziale Trainigskurse. Pfaffenweiler: Centaurus-Verlagsgesellschaft.

Walkenhorst, P. (1990) Kinder- und Jugendkriminalität, Z. f. Heilpädagogik, 41, 841-858.

Warmerdam, A. (1976) Soziotherapeutische Basistherapie mit Delinquenten, Psyche, 30, 7, 589-598.

Wasserman, G., Miller, L.S. (1998). Serious and violent juvenile offending. In: Loeber, R., Farrington, D. Eds., Serious and violent juvenile offenders: Risk factors and successful interventions. Thousand Oaks, Cal.: Sage Publications

Weidner, J. & Wolters, J. (1991) Aggression und Delinquenz: Ein spezialpräventives Training für gewalttätige Wiederholungstäter, MschrKrim, 74, 210ff.

Weinert, A.B. (1981) Lehrbuch der Organisationspsychologie, München, Wien, Baltimore: Urban & Schwarzenberg.

Weltgesundheitsorganisation: Dilling, H., Mombour, W., Schmidt, M.H. Ed. (1991) Internationale Klassifikation psychischer Störungen, ICD-10 Kapitel V (F). Klinischdiagnostische Leitlinien, Bern: Huber.

Werner, E.E. (1990). Antecedents and consequences of deviant behavior, in: Hurrelmann, K., Lösel, F., Hrsg., Health hazards in adolescence, 219-231.

Werner, E.E. (2001) The Children of Kauai: Pathways from birth to midlife, in: Silbereisen, R.K. & Reizler, M. 2001) Bericht über den 42. Kongreß für Psychologie, Lengerich: Pabst. 184-194.

Werner, E.E. & Smith, R.S. (1982) Vulnerable but invincible. New York: McGraw-Hill.

Werner, E.E., Smith, R.S. (1992). Overcoming the odds. High risk children from birth to adulthood, New York: Cornell University Press.

119

West, D.J., Farrington, D.P (1973) Who Becomes Delinquent? London

Wilson, J.Q. & Herrnstein, R.J. (1986) Crime and Human Nature, New York: Touchstone. Simon & Schuster.

Wüstendörfer, W., Toman, W., Lösel, F. (1976) Freizeitaktivitäten von Jugendlichen mit abweichendem Sozialverhalten, MschrKrim. 59, 133-141.

Yoshikawa, H. (1994) Prevention as Cumulative Protection: Effects of Early Family Support and Education on Chronic Delinquency and Ist Risks, P

Anhang

Diagnostische Kriterien

Kinder und Jugendliche mit Verhaltensstörungen haben:
(1) Intelligenzwerte (I.Q.) im unteren Durchschnitt.
(2) In sprachlichen Subtests schneiden sie am schlechtesten ab.
(3) Leistungsrückstände: Bereiche Schreiben/Lesen und Sprechen.
(4) Besonders deutlich sind diese Merkmale bei Jugendlichen mit aggressivem Verhalten.

Je mehr die Verurteilungsrate ansteigt, umso niedriger sind auch die kognitiven Leistungen.

An Teilleistungsstörungen fällt besonders die umschriebene Lese-Rechtschreibschwäche auf. In der Isle of Wight-Studie hatten 85% der Kinder mit Lesestörungen auch erhebliche Konzentrationsstörungen, 40% wurden als motorisch unruhig eingestuft. Hatten Kinder keine Lesestörung, sondern wiesen nur Störungen des Sozialverhaltens auf, dann kamen sie eher aus zerrütteten Familien.

Zwischen den kognitiven Leistungen, der Hyperaktivität und der Aufmerksamkeitsstörung besteht ein bedeutsamer Zusammenhang: Kinder mit einer Aufmerksamkeitsstörung als Hauptproblem haben einen niedrigeren I.Q. und auch mehr Teilleistungsschwächen als solche, bei denen die Hyperaktivität im Vordergrund stand. Die Aufmerksamkeitsstörung ist anscheinend der wichtigere Faktor bei Leistungsproblemen in der Schule.

Kinder und Jugendliche, die ein Hyperkinetisches Syndrom (Hyperkinese, Aufmerksamkeitsstörung und Impulsivität) und Störungen des Sozialverhaltens (CD) aufweisen, zeigen regelmäßig schwerere Verhaltensauffälligkeiten, die auch früher einsetzten als bei Kindern, die nur Störungen des Sozialverhaltens aufweisen.

Die aggressiven Verhaltensweisen stehen dann im Vordergrund, wenn die motorische Unruhe und nicht die Aufmerksamkeitsstörung überwiegt.

Syndrom CD

Das Syndrom umfasst nach DSM IV folgende Verhaltensweisen: Aggressives Verhalten gegen Menschen und Tiere (Drohungen gegen Andere, Gebrauch von Waffen, Grausamkeit gegen Menschen und Tiere), Zerstörung von Eigentum anderer (z.b. durch Feuerlegen), Diebstahl (einschließlich Einbruch) und schwer wiegende Regelverletzungen (Weglaufen von zu Hause und Schulschwänzen).

Bedeutsamstes Ergebnis der Forschungen

Das bedeutsamste Ergebnis: dauerhafte Straftäter (mit 6 und mehr Verurteilungen im Alter von 25 Jahren) werden sowohl durch HIA- als auch durch CD-Verhalten vorherbestimmt. Täter, die weder HIA noch CD Verhalten aufweisen, werden mit großer Wahrscheinlichkeit nicht zu chronisch Kriminellen. Mit anderen Worten: eine kriminelle Karriere lässt sich durch HIA- und CD-Verhalten während der Kindheit vorhersagen.

Studien zur Psychologie und Kriminalität

Herausgegeben von Thilo Eisenhardt

www.peterlang.de

www.ingramcontent.com/pod-product-compliance
Lightning Source LLC
Chambersburg PA
CBHW062042270326
41929CB00014B/2510